Anthony M. Gallea

The Trend is Your Friend

Anthony M. Gallea

The Trend is Your Friend

155 wetterfeste Börsenregeln

Aus dem Amerikanischen übersetzt von
Dr. Helga Höhlein und Brigitte von Werneburg

REDLINE WIRTSCHAFT
bei verlag moderne industrie

Die Deutsche Bibliothek – CIP-Einheitsaufnahme

Gallea, Anthony:
The Trend is Your Friend : 155 wetterfeste Börsenregeln /
Anthony M. Gallea. Aus dem Amerikan. übers. von Helga
Höhlein und Brigitte von Werneburg. – München : Redline
Wirtschaft bei Verl. Moderne Industrie, 2002
   Einheitssacht.: Bulls make money, bears make money, pigs
   get slaughtered <dt.>
   ISBN 3-478-32410-6

Titel der amerikanischen Originalausgabe: Bulls make money,
bears make money, pigs get slaughtered
Aus dem Amerikanischen übersetzt von Dr. Helga Höhlein und
Brigitte von Werneburg

Copyright © 2002 verlag moderne industrie, 80992 München
http://www.redline-wirtschaft.de

Umschlaggestaltung: Daniela Lang, Pürgen
Satz: mi, J. Echter
Druck: Himmer, Augsburg
Bindearbeiten: Thomas, Augsburg
Printed in Germany 32410/080201
ISBN 3-478-32410-6

INHALTSVERZEICHNIS

ANMERKUNG DER ÜBERSETZERINNEN

Viele der Strategien, Gedanken und Empfehlungen im vorliegenden Buch werden exemplarisch an den US-Indizes *Dow Jones, Standard & Poor's, Wilshire* o. Ä. ausgeführt. Die Aussagen lassen sich deckungsgleich und ohne Qualitätsverlust auf die hierzulande geläufigen Indizes wie den *Dax* oder den *Nemax* übertragen.

Auch in den Kapiteln über Zinsen gehen die Autoren von amerikanischen Verhältnissen – in der Regel höheren Renditeniveaus – aus. Dennoch sind auch hier die Aussagen problemlos übertragbar.

Meiner Mutter Jo Gallea gewidmet, die immer an mich geglaubt hat.

DANKSAGUNG

Ich bin vielen Leuten zu Dank verpflichtet, die mir beim Entstehen dieses Buches geholfen haben.

An erster Stelle danke ich meiner Frau Bonnie, die mich mit viel Geduld und Verständnis unterstützt hat. Seit 31 Jahren gehen wir unseren Lebensweg gemeinsam und das nun vorliegende Werk ist eine Etappe auf diesem Weg.

Chris, Shelle und Lisa waren noch Kinder, als ich mein erstes Buch schrieb. Sie führen mittlerweile ihr eigenes Leben – das ist der Lauf der Dinge. Aus Schule und Elternhaus sind sie zu verschiedenen Universitäten ausgeflogen und haben ihre Karriere und ihr Leben mit all ihren Träumen und Sehnsüchten selbst in die Hand genommen. Ich bin euch in herzlicher Liebe verbunden und sehr stolz auf jeden von euch.

Meinen Partnern und Kollegen im Gallea Team bei Schroders Salomon Smith Barney sage ich meinen herzlichen Dank für unsere guten und freundschaftlichen Beziehungen und unsere gute Zusammenarbeit. Darin sehe ich einen wichtigen Stützpfeiler in meinem Leben; ich könnte mir keine besseren Partner wünschen. Richard, Paul, Bonnie, Tara, Sue, Marie, Patty, Donna, Suzanne, Karen und Valerie – ich bin euch allen sehr dankbar.

Unserem Managementteam Jennifer Hartmann und Donna Caufield möchte ich meine Hochachtung und Dankbarkeit für fortwährende Unterstützung bezeugen.

Meiner Verlegerin Ellen Coleman danke ich dafür, dass sie mir geholfen hat, meine Gedanken zu Papier zu bringen. Ellen – die Zusammenarbeit mit Ihnen ist wirklich ein Vergnügen: Sie haben dafür gesorgt, dass der Redaktionsprozess nahezu mühelos vonstatten ging.

Wohl jeder ist seinem Mentor zugetan, wenn alles gut läuft. Die Stunde der Wahrheit schlägt erst, wenn

Schwierigkeiten auftauchen. Ich werde nie die aufmunternden Worte und das liebenswürdige Entgegenkommen unzähliger Klienten vergessen, die sich stets die Zeit nahmen, an mich zu denken, obgleich es ihr gutes Recht war, zuallererst an sich zu denken. Das ist etwas, was ich nie vergessen habe und auch nie vergessen werde. Ich bin aufrichtig bemüht, mich dieses Vertrauens würdig zu erweisen. Ich kann nur hoffen, dass die Erfahrungen, die ich im Dienst an meinen Klienten habe sammeln können, ihnen letztlich auch zugute gekommen sind.

EINFÜHRUNG

Das letzte Jahrzehnt hat einen geradezu explosionsartigen Zulauf an neuen Investoren auf den Märkten erlebt.
Und damit wurde eine gänzlich neue Generation von
Anlegern aktiv, die von traditionellen Börsenweisheiten
kaum etwas weiß. In den vergangenen 100 Jahren ist auf
den Märkten viel unnötiges Blut und Geld geflossen; wir
alle täten gut daran, so manche hart erkämpfte Erfahrung
zu beherzigen. Mit dem vorliegenden Buch soll der
Versuch unternommen werden, eine Vielzahl der so
erlernten Börsenlektionen einem neuen Anlegerpubli-
kum zugänglich zu machen.

Im Zuge der technischen Revolutionierung der Kunst
des Geldanlegens stehen dem Investor heutzutage mehr
Informationen zur Verfügung als je zuvor. Marktbewe-
gende Neuigkeiten werden Millionen von Marktakteuren
und Anlegern buchstäblich mit Lichtgeschwindigkeit
übermittelt. Was die Informationen als solche betrifft, so
können alle Marktteilnehmer dieselben Chancen nutzen.

Allerdings haben die Geschwindigkeit, mit der sich
die Informationen ausbreiten, und die Möglichkeit der
Anleger, nahezu in Echtzeit zu reagieren, die Investmentlandschaft verändert. Es hat einmal eine Zeit gegeben, in
der eine gründliche Analyse der Bilanzabschlüsse eines
Unternehmens mit gewissenhafter Überprüfung seiner
Jahresberichte und sonstigen Fundamentalerwägungen
verbunden war. Das war gang und gäbe im Analogzeital-
ter, als Kaufen und Verkaufen infolge der vergleichsweise
langsamen Informationsübermittlung wie auch der höheren Transaktionskosten noch gemächlicher und bedacht-
samer ausgeübte Geschäftsvorgänge waren.

All dies ist heute ganz anders; nur bin ich keineswegs
überzeugt, dass dieser Zugewinn an Geschwindigkeit
und Informationen zwangsläufig bessere Investoren her-

vorbringt. Ausschlaggebend sind vielmehr die Analyse ebenjener Informationen und der Entschluss, die eine oder andere Transaktion zu unterlassen – darin unterscheidet sich häufig der Investmentprofi von den weniger geschulten Anlegern.

Nun gehöre ich keineswegs zu den Leuten, die diese Revolution am liebsten wieder rückgängig machen würden. Die Märkte sind uns Einzelanlegern einfach überlegen; werden wir von einer solchen Entwicklung erfasst und gewissermaßen in die Zukunft katapultiert, bleibt uns nur die Wahl, entweder auf den Zug aufzuspringen oder zurückzubleiben. Und ich bin nicht einer von denen, die zurückbleiben.

Wohl aber bin ich der Meinung, dass die Gemeinschaft der Investoren über ein kollektives, im Laufe der letzten 100 Jahre angesammeltes Wissen verfügt, das die Grenzen der modernen Investmentära absteckt.

Ich bin überzeugt, dass es gewisse Grundwahrheiten über das Geldanlegen und die Märkte gibt, die nach wie vor Gültigkeit besitzen und es wert sind, gelernt und bedacht zu werden.

Gerade in den Jahren 2000 und 2001, als die Internet- und Technologiebegeisterung allmählich nachließ, machten immer wieder Investoren Schlagzeilen, deren Portfolios um 50, 70 und sogar 90 Prozent geschrumpft waren. Den Leuten wäre viel Ungemach erspart geblieben, hätten sie zuerst ihre Lektion gelernt und dann ihr Geld hingeblättert!

Die hier erörterten Börsenregeln enthalten eine Vielzahl solcher „Marktwahrheiten". Einige gibt es schon sehr lange; andere sind eher jüngeren Datums. Am besten wäre es, wenn Sie, lieber Leser, das Buch von Anfang bis Ende läsen; es ist in grundlegende Themenbereiche gegliedert. Doch genauso gut können Sie auch irgendeine Seite aufschlagen und dort mit der Lektüre beginnen. Sie werden mit Sicherheit die Gründe für den einen oder anderen Fehler finden, den Sie sich in der Vergangenheit geleistet haben, aber Sie werden, wie ich hoffe, ebenso erfahren, warum sich der eine oder andere Ihrer Treffer als so erfolgreich erwiesen hat.

Nach Beendigung Ihrer Lektüre sollten Sie meiner Empfehlung folgen und sich an jedem Investmentalltag einen der Abschnitte erneut zu Gemüte führen – als sanfte Erinnerung an die dort erörterten Lektionen.

Wir alle tun gut daran, Geschwindigkeit und Informationsfülle nicht mit Börsenkompetenz zu verwechseln. Die Tatsache, dass wir über mehr Informationen verfügen und schneller agieren können als je zuvor, macht uns nicht unbedingt zu besseren Investoren. Unsere diesbezüglichen Fähigkeiten lassen sich nur durch Analyse und wohl überlegtes Abwägen unserer Aktionen schulen.

Das vorliegende Buch basiert auf den Erfahrungen, die ich im Laufe meiner 20-jährigen Betätigung auf den Kapitalmärkten als professioneller Geldanleger sammeln konnte. Für den erfahrenen Investor dürften manche der hier zusammengestellten Börsenwahrheiten „alte Zöpfe" sein, aber oft stelle ich an mir selbst mit Erstaunen fest, wie leicht man sie im Alltagstrubel unbeachtet lässt oder schlichtweg vergisst. Meine Investmentfähigkeiten stehen Tag für Tag auf dem Prüfstand. Und immer wieder frustriert mich die Beobachtung, dass ich mir diese Lektionen noch so sehr zu Herzen nehmen kann – ich mache trotzdem Fehler und muss mir das Gelernte immer aufs Neue in Erinnerung rufen.

Dem noch nicht so erfahrenen Marktakteur, der den Börsenalltag erst noch kennen lernen will, halten die hier erörterten Lektionen, so hoffe ich, einen Schatz an Weisheiten bereit, die er noch nicht (zumindest nicht in diesem Zusammenhang) gehört hat. Möge ihm dieser Wissensschatz wertvolle Dienste leisten bei seinem Bemühen, sich eine eigene solide Investmentphilosophie aufzubauen! Doch gleich, ob Sie, lieber Leser, Börsenprofi oder Börsennovize sind: Ich bin fest überzeugt, dass Sie in jedem Fall etwas in diesem Buch finden werden, was Sie vor etwas Schlimmem bewahrt. Sie werden etwas finden, was Ihnen als Anleitung dient, wenn Sie einer solchen mal dringend bedürfen. Dieses Buch ist es wert, griffbereit gehalten und mehr als einmal gelesen zu werden; es soll uns kontinuierlich daran erinnern, wie klein und schwach wir sind und wie imponierend die Kräfte des Marktes in unserem Kampf um Investmentprofit gegen jeden Einzelnen von uns Front machen.

Einige der Lektionen habe ich unter Schmerzen lernen (und bezahlen) müssen. Andere, die ich mir durch Lesen und Zuhören zu Eigen gemacht habe, sind mich weniger teuer zu stehen gekommen. Ich habe viel in diesen 20 Jahren gelernt; dennoch befällt mich des Öfteren das ungute Gefühl, eigentlich sehr wenig gelernt zu haben. So gesehen verstehe ich mich bezüglich der Kunst des Geldanlegens nach wie vor als Lernender. Anders als bei einem akademischen Studium mit seinem festen Lehrplan kennt der Markt keinen Examenstag, der einem den Erwerb einschlägigen Wissens bescheinigt.

Und doch wird der Tag kommen, an dem Sie merken, dass Sie – vielleicht – schon ein bisschen klüger sind, dass Sie Ihr Lehrgeld gezahlt haben, dass Sie ein besserer Anleger sind als zu Beginn Ihrer Börsenkarriere. Ihr Selbstvertrauen wächst, aber Sie haben einen Weg gefunden, der Sie an der Hybris und Arroganz des Besserwissenden vorbeiführt. Wenn Sie – langsam, aber sicher – an diesem Punkt angelangt sind, beginnen Sie vom Markt zu profitieren: Ihre harte Arbeit findet ihren Lohn.

Meine Hoffnung ist, dass Ihnen die hier zusammengestellten Börsenregeln als eine Art Reiseführer durch den Börsendschungel dienen – möge er Sie auf abgekürztem Wege zu diesem Tag hinführen! Vermutlich werden Sie unterwegs feststellen, dass Geldanlegen letztlich eine Reise zu Ihrem eigenen Ich ist. Investieren ist ein Unterfangen, das unseren Mut, unsere Kompetenz und unsere Verstandeskräfte auf die Probe stellt. Letzten Endes gelangen wir zu der Erkenntnis, dass der Schlüssel zum Investmenterfolg in uns selbst liegt.

Die zwei faszinierendsten Kräfte eines Autors
bestehen darin,
Neues vertraut und Vertrautes neu zu machen.

Samuel Johnson, Lexikograph
(1709–1784)

PROLOG

Eine wahre Begebenheit

Diese Geschichte ist nur zu wahr ...

Ich liebe die Terminmärkte. Ich betreibe dort nur Handel für mich selbst (wegen des hohen Risikos; schließlich wollen unsere Kunden nicht, dass wir mit ihrem Geld zocken). 1994 hatte ich mich also auf Kaffee-Futures eingelassen, auf Eigenrechnung. Der entscheidende Faktor bei diesem Geschäft ist das Wetter. Temperaturen unter dem Gefrierpunkt vertragen Kaffeebohnen nämlich nicht. Ich kann nicht gerade behaupten, ich hätte nur Schwein gehabt ... aber bis sich der ganze Wirbel gelegt hatte, war ich längst wieder ausgestiegen und hatte das Geld für einen neuen Mercedes S500 lockergemacht – Sie wissen schon, den größten Stern am deutschen Autohimmel. Kurzum: Ich lernte den Wert eines erfolgreichen Warenterminhandels schätzen.

Zeitsprung ins Frühjahr 2000. Mir fiel ein Artikel in die Hände, dem zufolge der Elfjahreszyklus der Sonnenflecke in Kürze seinen Höhepunkt erreichen sollte. Darauf folge in aller Regel ein ungewöhnlich kalter Winter. Die Aktivität der Sonnenflecke habe einen Einfluss auf Kommunikationssysteme und andere atmosphärische Phänomene. Sie werden das nicht glauben, aber Sie können es überall nachlesen.

Als ich mir den letzten Peak von 1989 anschaute, stellte ich zu meinem größten Entzücken fest, dass es in dem Jahr tatsächlich einen sehr kalten Winter gegeben hatte.

Daraufhin erzählte ich meinen Partnern, ich hätte etwas sehr Interessantes herausgefunden, was für die Eröffnung einer Finanzposition spreche. Derweil ich mich noch über die Kaprizen der Sonnenfleckenaktivität ausließ, bemerkte ich, wie meine Partner nervöse Blicke tauschten.

„Sind Sie denn so sicher, dass Sie damit richtig liegen? Das hört sich doch ein bisschen, sagen wir, exzentrisch an", meinte einer von ihnen.

„Also, ich glaube schon, dass es stimmt. Ist doch ganz logisch. Sehen Sie, die Spitzenaktivität bei Sonnenflecken ..."

Dass meine Partner mich mehr oder weniger für verrückt hielten, bestärkte mich in meinem Entschluss, ihnen zu zeigen, dass ich doch Recht hatte. Des Weiteren trug ich meine „Theorie" nicht nur meiner Frau vor (der sie bizarr erschien), sondern auch meiner ältesten Tochter, Studentin an der Syracuse School of Management („Du, Dad, so was lernen wir in unserem Studium nicht"), sowie einigen Freunden bei einem gemeinsamen Mittagessen. (Letztere waren bei einem Rohstoffhandelsunternehmen beschäftigt und meinten nachsichtig lächelnd: „Oh, sehr interessant.")

O.K. Ich also gegen den Rest der Welt. In der festen Überzeugung, dass eine kalte Witterung günstige Geschäftsmöglichkeiten versprach, gelangte ich zu dem Schluss, es gäbe zwei Möglichkeiten, meine „Theorie" auszuspielen. Zum einen konnte ich Futures auf Heizöl oder Erdgas mit Liefertermin im Februar kaufen. Ein schneller Blick auf die Kurse zeigte, dass der Preis bei beiden Rohstoffen bereits im Juli erheblich gestiegen war, sodass die Risiko-Nutzen-Relation nicht ganz so günstig für mich ausfiel, wie ich erhofft hatte. Dann aber, während ich noch mit dieser Analyse beschäftigt war, las ich, dass die Raumstation durch signifikante Sonnenfleckenaktivität beeinträchtigt würde – was mich in freudige Aufregung versetzte.

In meinem wunderlichen Geisteszustand sah ich nämlich im Sonnenlicht den Terminkontrakt für gefrorenes Orangensaftkonzentrat (FCOJ) glitzern – ein Produkt, das an der New Yorker Warenterminbörse in Einheiten von 15 000 Pfund gehandelt wird. Mit schlappen 78 US-Cent pro Pfund, seinem Tiefstand nahe, schien es mir die perfekte Möglichkeit zu bieten, meine „Theorie" umzusetzen. Gefrorenes Orangensaftkonzentrat! Gefrorene Orangen!

Also erwarb ich schließlich Kaufoptionen auf 300 000 Pfund FCOJ zu 85 US-Cent je Pfund – Liefertermin spätestens 16. Februar 2001. Für dieses Privileg zahlte ich 8 Cent pro Pfund (24 000 Dollar). Der letzte Frost (ein relativ milder, unbedeutender Kälteeinbruch) hatte den Preis von 90 US-Cent auf 1,90 Dollar in die Höhe getrieben, sodass ich mir einen Profit von 300 000 Dollar ausrechnete. Die Risiko/Nutzen-Relation stand mit 12 zu 1 zu meinen Gunsten. Umso besser.

Frohgemut eilte ich nach Hause und verkündete meiner perplex dreinschauenden Frau, ich sei nunmehr stolzer Eigentümer von 150 Tonnen gefrorenen Orangensaftkonzentrats, und das würde noch sehr wertvoll werden, wenn die Sonnenfleckenaktivität dafür sorgen würde, dass alle Orangen in Florida erfrören – wir würden reiche Leute sein! Darauf meine Frau: „Zieh dich bitte um. In 10 Minuten ist das Abendessen fertig."

Sprung nach vorn, Dezember 2000. FCOJ wird mit 84 US-Cent gehandelt und meine Optionen sind auf 9 Cent gestiegen. Ein „Arctic Pig" (riesige kalte Luftmassen, die von der Arktis gen Süden strömen) wälzte sich in die Vereinigten Staaten hinein. Die kalte Luft erfasste Dakota. (Wenn sie ihren Weg über Montana nimmt, so erfuhr ich, bekommt Florida nichts ab.) Sie zog über die Prärie und traf direkt und mitten in Florida ein. „REKORD-MINUSTEMPERATUREN" – so der Aufschrei in der *Tampa*-Zeitung. „BRRRRR!", ließ eine andere ihre Leser erschaudern. „ORANGENERNTE IN FROSTGEFAHR", lamentierte ein weiteres Blatt.

Ich tanzte. Ich sang. Ich versprach jedem meiner Kinder einen DVD-Player (Kommentar unserer jüngsten Tochter, St.-John's-Studentin im Hauptfach Film: „Nicht übel, wenn Dad Orangensaft kauft.") Ich pfiff bei der Arbeit und hatte für jeden ein freundliches Wort.

Als der Warenhandel am Montag begann, hockte ich schon vor meinem Bildschirm in Erwartung des glorreichen Augenblicks, in dem Orangensaft mit einem höchst wertvollen Kurs eröffnen würde, ja musste. Um 10.15 Uhr starrte ich verzweifelt in die Röhre, raufte die Haare, hoffte immer noch ...

Der Kontrakt eröffnete *niedriger*, nicht höher. Meine Damen und Herren, wenn Sie einen mächtigen Anstieg erwarten und der Kontrakt niedriger eröffnet, sagt man wohl so etwas wie „Oh, oh". Aber man fühlt sich wie einer, der auf eine Felsklippe zurennt und plötzlich erkennt, dass dahinter ein 300 Meter tiefer Abgrund gähnt ...

Genauso war es.

Als das US-amerikanische Landwirtschaftsministerium am 22. Januar schließlich mit den einschlägigen Berichtsdaten (Freeze Report Survey) herausrückte, stellte sich heraus, dass nur 3 Prozent der Ernte betroffen waren. Läppische 3 Prozent!

Natürlich löste sich die Position in Nichts auf – wie denn auch mein Tanzen, Pfeifen und Singen ein jähes Ende fanden. Ich erinnere mich noch gut, wie ich bei der Eröffnung der Position zu mir sagte: „Welcher Idiot geht wohl ein solches Risiko ein und verkauft mir diese Optionen für *das* Geld?"

Jetzt kannte ich die Antwort – einer, der um vieles gescheiter war als ich.

Sie sehen also, lieber Leser: Die Moral der Geschichte ist die, dass man mit seiner Analyse 100 Prozent richtig liegen kann und *trotzdem* nicht zu Geld kommt. An der Börse Geld zu verdienen ist ein hartes, sehr hartes Geschäft.

Übrigens – da war ja noch der Erdgaskontrakt. Der Wert verdoppelte sich im Lauf der Zeit; hätte ich da 24 000 Dollar in ein lukratives Optionsgeschäft investiert, wäre ich jetzt ... verdammt, nicht darüber nachdenken. Ist zu deprimierend.

Aber die Geschichte ist noch nicht zu Ende. Ich glaube nämlich wirklich, dass diese Sache mit dem kalten Wetter und der Sonnenfleckenaktivität stimmt und dass ich mit ein bisschen Glück doch noch was draus machen kann. Deshalb denke ich derzeit über den Kaffeehandel damals in 1994 nach und über die Tatsache, dass es im Juli Winter ist in Brasilien ...

1

Vermögens-strukturierung

Richtig mischen

Das perfekte Portfolio
bedarf keiner Umschichtung

Mein ganzes Börsenleben lang suche ich nach dem perfekten Portfolio. Ich würde es wissen, wenn ich fündig geworden wäre, denn das perfekte Portfolio bedarf keiner Umschichtung.

In meinen Träumen weist mein perfektes Portfolio eine perfekte Ausgeglichenheit, eine perfekte Strukturierung der Vermögenswerte und eine perfekte Kombination von Long- und Short-Positionen sowie Rohstoffwerten, Aktien und Anleihen auf. Mein perfektes Portfolio ist in jeglicher Hinsicht perfekt.

Buchstäblich jede Aktie erzielt eine langfristige konsistente Ertragssteigerung und bringt mir hübsche 20 Prozent im Jahr ein (das perfekte Portfolio ist nicht geldgierig). Ich besitze 30 Aktien aus 15 bis 20 Sektoren und Branchen, die sich alle hübsch schwungvoll entwickeln (das perfekte Portfolio kennt keine Rezession).

Darüber hinaus verfüge ich über Verkaufspositionen auf gut ein Dutzend Aktien, allesamt seit Jahrzehnten Favoriten, die jedoch meiner Erkenntnis nach (andere sind noch nicht dahinter gekommen) zukünftig fallen dürften. Nicht dass ich geldgierig wäre, aber diese Aktien verlieren tatsächlich jährlich 10 Prozent – und ich verdiene daran.

Außerdem besitze ich Anleihen (natürlich gute!) und einige wenige Rohstoffpositionen, darunter auch solche, bei denen ich auf langfristige Verknappung spekuliere. Ein paar Positionen auf interessanten Schwellenmärkten, die ich als Wachstumskandidaten für die nächsten 10 Jahre einschätze, zählen ebenfalls zum Portfoliobestand. Und schließlich bin ich noch eine hübsche 10-Prozent-Position in einem größeren Land eingegangen, das soeben im Begriff ist, sich von einer jahrelangen Rezession zu erholen.

Das ist mein perfektes Portfolio: hübsch ausgeglichen und sowohl hinsichtlich Umfang als auch Beschaffenheit langfristig angelegt. Ich brauche nichts hinzuzukaufen oder zu verkaufen. Ich brauche nichts zu bereinigen oder neu anzupassen und muss nicht aus einer schlechten Position aussteigen. Es gibt keine neuen Positionen, die es mit denen, die ich bereits in meinem perfekten Portfolio habe, aufnehmen könnten.

Wie gesagt, ich habe mein perfektes Portfolio noch nicht gefunden, aber es vergeht kein Tag, an dem ich nicht ernstlich bemüht wäre, ein solches aufzubauen. Von Zeit zu Zeit schlage ich zu – ein bisschen hier, ein bisschen dort. Und manchmal kommt es mir an einem kuscheligen, warmen Plätzchen so vor, es könnte dies mein perfektes Portfolio sein.

Leider holt mich die Realität schnell wieder ein. Aber ich weiß, auf welches Ideal ich hinarbeite; und ich werde nie aufhören, dem hinterherzujagen!

Langfristig sind Aktien Anleihen überlegen

Für die meisten Investoren stellt sich nur die eine große Frage: Wie viel soll ich in Aktien und wie viel in Anleihen anlegen? Jede andere Entscheidung verblasst im Vergleich zu dieser. Es geht um die Strukturierung von Vermögenswerten. Ich will meine Argumentation anhand eines kurzen sportlichen Vergleichs belegen.

In der modernen Börsenära (der Zeit seit dem Ersten Weltkrieg) haben Aktien ihren Besitzern im Schnitt an die 12 Prozent Wertsteigerung im Jahr eingebracht, Anleihen hingegen 5,5 Prozent jährlich.

Nehmen wir mal an, Sie sind ein findiges Aktiengenie, in Sachen Vermögensstrukturierung aber ein ausgemachter Schwachkopf. Nehmen wir weiter an, Herr Meier von nebenan sei im Stock Picking schwach, aber genial in der Strukturierung seiner Anlagenwerte. Das Ergebnis: Die Meierschen Aktien sind kontinuierlich hinter dem Markt zurückgeblieben und haben dem Mann ganze 10 Prozent im Jahr (rund 2 Prozent unter dem Marktdurchschnitt) eingebracht. Und während Herr Meier mal links, mal rechts etwas aufgriff, waren Sie stets Klassenbester. Sie hielten den heiligen Gral der Investoren. Sie schlugen den S&P 500 um 25 Prozent im Jahr und verdienten sich mit Ihrem Aktienportfolio ordentliche 15 Prozent per annum.

Als Schwachkopf in Sachen Portfoliostrukturierung hatten Sie zwei Drittel Ihres Geldes in Anleihen und ein Drittel in Aktien angelegt, sodass sich Ihre durchschnittliche Jahresrendite auf 8,6 Prozent belief. Herr Meier hingegen hatte sein Geld zu 100 Prozent in Aktien angelegt und verdiente damit – Sie haben es erraten – ansehnliche 10 Prozent jährlich.

Wie konnte das geschehen? Nun – Ihr Nachbar Meier nahm sich in jedem Quartal zwei Minuten Zeit, griff gezielt zum *Wall Street Journal* (Kennen Sie *Darts?*) und pickte sich sein Portfolio zusammen. Pfeile sind nun mal Pfeile und nicht sonderlich zuverlässige Tools einer soliden Anlagenstrategie; deshalb hinkte Herr Meier dem S&P ja auch hinterher. Im Übrigen aber nutzte Ihr Kontrahent die Zeit zur Perfektionierung seines Golfschwungs; er hat es inzwischen auf ein Handicap von fünf gebracht.

Sie hingegen haben drei Stunden täglich über Ihren Aktienanalysen gebrütet, sodass Ihnen beinahe Ihr Ehegespons weggelaufen wäre, weil Sie kaum noch Zeit hatten; und dieser Meier von nebenan hat Sie nicht nur beim Geldanlegen geschlagen, sondern Ihnen auch noch schmachvolle Niederlagen auf dem Golfplatz beschert.

Ausschlaggebend für Ihren Investmenterfolg ist letztlich die Art und Weise, wie Sie Ihr Portfolio strukturieren. Langfristig gesehen sind Aktien Anleihen überlegen. Aber das ist nur die eine Seite der Medaille. Hören Sie hier nicht auf – lesen Sie weiter ...

Anleihen gehören in jedes Portfolio

Aktien schlagen Anleihen, doch unter schlechten Marktbedingungen ist es umgekehrt: Anleihen schlagen Aktien. Ganz entgegen dem gängigen Mythos ist das Gebot „Du sollst nichts besitzen außer Aktien" eben doch nicht der Grund dafür, dass die Gesetzestafeln zu Bruch gingen. Ich kann mir keinen Moses beim Kauf einer Halbleiteraktie vorstellen, wohl aber einen Moses, der sein Geld in Schatzwechsel investiert.

Anleihen guter Qualität bieten eine gleich bleibende Rendite und bescheren Ihnen, sofern Sie bis zum Fälligkeitstermin durchhalten, keine Verluste. Unter schlechten Marktbedingungen, bei Konjunkturtiefs, in Zeiten der Rezession und Depression sind Anleihen die Geldanlage erster Wahl.

In ihrem hektischen Streben, mit Aktien den großen Reibach zu machen, lassen allzu viele Anleger die damit verbundenen Risiken außer Acht; und stehen dann Verluste ins Haus, steigen sie aus und machen Kasse. Natürlich passiert das gerade dann, wenn sich der nächste Bullenmarkt wie Phönix aus der Asche erhebt und zum Höhenflug ansetzt. Derweil konnte der Anleger, der sein Portfolio mit einer zuträglichen Portion Anleihen ausgeglichen und abgepolstert hat, seine Anleihezinsen kassieren und mit dem Geld weitere Aktien kaufen. Mehr noch: In aller Regel kann der Anleihebesitzer seine Anleihen verkaufen und dafür Aktien erwerben, wenn er das möchte.

Sie sind kein Schlappschwanz, wenn Sie Anleihen besitzen – selbst wenn man Ihnen das einreden will. Einige meiner besten Freunde sind Anleihebesitzer und ich kann Ihnen versichern, die Leute sind total in Ordnung.

Kapitalerhalt ist das oberste Gebot

Vorrangige Aufgabe des erfolgreichen Anlegers ist der Kapitalerhalt. Sie dürfen eines niemals vergessen: Es geht *nicht* darum, Gewinne abzusahnen. So seltsam dies anmuten mag, zumal Geldanlegen eine Aktivität ist, die letztlich auf Profit abzielt.

Profitables Investment basiert auf der Überzeugung, dass eine vernünftig strukturierte Investmentstrategie im Laufe der Zeit zum Erfolg führt. Die meisten Leute nicken zustimmend und konzentrieren sich dann ausschließlich auf die Umsetzung ihrer Strategie. Dabei vergessen sie, dass ihre besten Bemühungen nichts taugen, wenn der Zeitfaktor außer Acht gelassen wird. Ihre Investmentphilosophie mag noch so gut aufgebaut sein: Wenn Sie beim Geldanlegen Risiken eingehen, können Sie bei kleinem Transaktionsvolumen oder für kurze Zeiträume kaum mit hohen Erfolgswahrscheinlichkeiten rechnen.

Mister Market ist stets darauf aus, Ihnen das Geld aus der Tasche zu ziehen. Und das macht er sehr geschickt. Er findet jede Schwachstelle und nutzt diese unbarmherzig aus. Sofern Sie um die Gefahren wissen, die um Sie herum lauern, sind Sie auf der Hut. Wenn Sie mutterseelenallein durch einen tiefen, finsteren Wald wandern, brechen Sie auch keine Zweige ab und schmettern aus vollem Halse. Vielmehr bewegen Sie sich leise (auf Zehenspitzen), lauschen aufmerksam ... und sobald Sie es im Gebüsch knacken und Hufe donnern hören, gehen Sie in Deckung. Genauso auf dem Markt. Sie müssen absolut sicher sein, dass Sie wirklich jede Begegnung überleben – was immer Ihren Weg kreuzt und so bärenstark die Herde auch sein mag, die Sie zu Boden werfen will. Im Allgemeinen bedeutet dies nichts anderes, als dass Sie Ihr Risiko niemals aus dem Auge lassen dürfen und stets an seiner Minimierung basteln müssen, wenn Gewinne das Risiko Ihres Portfolios aufzublasen drohen.

Um Erfolg zu haben, müssen Sie Ihrer Strategie hinreichend Zeit zur Entfaltung lassen. Sie sollten sich auf das langfristige Geschäft einstellen. Wenn Sie Ihr Kapital nicht schützen, sind Sie schnell aus dem Spiel.

Kapitalerhalt ist mehr als ein Spiel. Kapitalerhalt ist nämlich das *einzige* Spiel. „Wer nicht wagt, der nicht gewinnt" – die Medaille hat eine Kehrseite: „Wer alles wagt, der alles verliert."

Sie sind jünger, als Sie denken

Die Finanzberater haben auf den Trend zu generell steigender Lebenserwartung noch nicht entsprechend reagiert. Zur Zeit unserer Großeltern war man mit 65 alt. Und entsprechend richtete sich die Beratung in der Frage, wie viel Geld man in Aktien anlegen und wie viel man riskieren sollte, nach der erwarteten Lebensdauer einer Kleinfamilie aus den 1950er-Jahren.

Doch 65 ist nicht mehr das Alter, das es einst war; folglich gilt es, die Finanzberatung neu auszurichten. Heute hat ein 65-Jähriger durchaus gute Chancen, 80 oder älter zu werden. Als man noch mit 65 alt war, konnte man bestenfalls mit einer Lebenserwartung von 72 oder 73 rechnen. Entsprechend müsste der heute 65-Jährige so beraten werden wie seinerzeit der 58-Jährige aus den 1950er-Jahren.

Die meisten Leute sind im Alter von 70 oder 75 Jahren mit 30 Prozent Aktienwerten gut bedient: Es springt genug heraus, um mehr Rendite als auf dem Anleihemarkt zu erzielen, aber nicht so viel, dass es ein Loch in den Tanker reißt, wenn der Markt sinkt. Welcher 75-Jährige würde denn wieder zur Arbeit gehen wollen? Wenn Sie sich in Ihren 60ern befinden, wären 40 bis 50 Prozent Aktien guter Qualität durchaus akzeptabel – Sie sind jünger, als Sie denken.

Gut und schön, sagen Sie, aber: „Aktien steigen letztlich doch immer, warum soll man dann nicht einen größeren Anteil des Portfolios in Aktien investieren – sagen wir, 75, 80 oder 90 Prozent?" Nun, Sie mögen Recht und letztlich 20 oder 30 Prozent Kapital mehr auf dem Konto haben. Dagegen wäre nichts einzuwenden.

Nur, sollten Sie nicht Recht haben, könnte das die Rückkehr zu Stechuhr und Wecker bedeuten!

Die Entscheidung liegt ganz bei Ihnen.

Streuen Sie Ihre Anlagen, aber übertreiben Sie es nicht!

Wohl jeder, der sich über Diversifizierung Gedanken macht, kommt zu ein und derselben Schlussfolgerung: Man sollte seine Vermögensanlagen streuen. Aus einem einfachen Grund: Je breiter Sie Ihr Portfolio streuen, desto geringer ist Ihr Risiko, eine Katastrophe zu erleben. Wenn Sie Ihr ganzes Geld in eine einzige Aktie investieren, steht und fällt Ihre gesamte finanzielle Zukunft mit dieser einen Position – und Unternehmen sind dafür berüchtigt, dass sie ins Stolpern geraten können und irgendwann (in aller Regel zu einem denkbar ungünstigen Zeitpunkt) zu Boden gehen.

Die meisten Leute dürften dieser Strategie zustimmen, aber die nächste Frage lautet dann: Wie viel Diversifizierung reicht?

Allgemein gesprochen kann ein Portfolio mit 10 bis 30 Aktienwerten als gut gestreut gelten. Voraussetzung ist, dass Aktien aus unterschiedlichen Branchen und Sektoren gewählt wurden. Ein Portfolio mit 30 Aktien, 18 davon Technologiewerte und 12 Werte aus anderen Bereichen, setzt stark auf den Technologiesektor, sodass eine negative Entwicklung in diesem Bereich das Portfolio besonders hart treffen würde.

Erwähnenswert ist auch, dass der typische US-amerikanische Investmentfonds mit Aktienwerten hoher Marktkapitalisierung in seiner Entwicklung stark mit großen Indizes wie dem S&P 500 und dem Dow Jones Industrial Average korreliert (aller Wahrscheinlichkeit nach enthält er an die 100 bis 300 solcher hochwertigen Aktien). Folglich können Sie Ihre Anlagenstreuung kaum dadurch verbessern, dass Sie Anteile an mehr als einem Fonds erwerben.

Denken Sie auch daran, dass Diversifizierung ihren Preis fordert. Je mehr Sie streuen, desto geringer wird die

Wahrscheinlichkeit, dass Sie den Markt schlagen. Der Grund ist schlicht: Wenn Sie – um das Konzept auf die Spitze zu treiben – so stark streuen, dass Sie jeden Aktienwert im S&P 500 besitzen, sind Sie Index-Besitzer. Und dann träte Indexbindung an die Stelle Ihrer Anlagenstreuung!

Irgendwo ist also ein Punkt erreicht, von dem an eine weitere Anlagenstreuung kaum noch Sinn macht. Und dieser Punkt liegt irgendwo bei mehr als 30 einzelnen Aktienwerten oder mehr als einem großen diversifizierten Aktienfonds. Bedenken Sie auch Folgendes: Sie können zwar das Risiko, dass Ihnen eine einzige Aktie einen Krater in Ihr Portfolio reißt, „wegdiversifizieren", aber Sie gehen zunehmend das Risiko ein, dass Ihnen der gesamte Markt absackt.

Könnte es sein, dass Sie den Wald vor lauter Bäumen nicht sehen?

Immer sind es die großen Entscheidungen, nicht die kleinen, von denen Erfolg beziehungsweise Misserfolg beim Geldanlegen abhängen.

So ist die Entscheidung, ob überhaupt in Aktienwerte investiert werden soll oder nicht, viel wichtiger als die Entscheidung für oder gegen den einen oder anderen Aktienwert. Die richtige Mischung aus Aktien und Anleihen hat mehr Bedeutung als die Entscheidung, welche Anleihen infrage kommen. Und schließlich ist auch die korrekte Einschätzung der Zinsentwicklung weitaus relevanter als die gezielte Auswahl einer bestimmten hoch eingestuften Anleihe.

Die meisten Leute halten sich viel zu lange mit ihren kleinen Entscheidungen auf. Ob es um die Beurteilung des persönlichen Finanzberaters geht, um die Beschäftigung mit den eigenen Anlagen oder auch um die schier endlose Suche nach einem geeigneten Investmentfonds – die Anleger widmen ihre Zeit offensichtlich lieber den kleinen Entscheidungen. Eigentlich verwunderlich, zumal doch kleine Entscheidungen auch nur kleine Konsequenzen zeitigen!

Denken Sie an all die Mühen, die auf die Aktienauswahl als solche verschwendet werden. Stock Picking scheint sich zur Freizeitbeschäftigung der Nation zu entwickeln! Ist Ihre Entscheidung endlich zugunsten einer Aktie gefallen, deckt diese vielleicht gerade mal 2 bis 10 Prozent Ihres Portfolios ab. Und sobald diese eine Transaktion unter Dach und Fach ist, gehen Sie erneut auf Aktiensuche ... Schließlich sind Sie stolzer Besitzer von 20 bis 25 handverlesenen Aktien. Das Problem ist nur: Sie hatten entschieden, lediglich 25 Prozent Ihres Portfolios in Aktien anzulegen. (*Die* Entscheidung hat Sie vermutlich höchstens 30 Minuten gekostet.)

Nehmen wir einmal an, jede der von Ihnen ausgewählten Aktien schlägt den S&P 500 um 10 Prozent (wobei wir weiterhin annehmen, dass der S&P in dem Jahr eine Rendite von 12 Prozent, seinen historischen Durchschnittswert, erbracht hat) und mit Ihren Anleihen im Portfolio haben Sie durchschnittlich 6,5 Prozent erzielt. Insgesamt hat Ihnen Ihr Portfolio eine Rendite von 8,2 Prozent beschert.

Unterdessen hat Ihr Nachbar Charlie dieselbe Anzahl von Aktienwerten erworben, aber seine Aktien (er ist eben nicht so talentiert wie Sie) sind ausnahmslos um 20 Prozent hinter dem S&P 500 zurückgeblieben. Doch Charlie, der sich eine Menge Gedanken über die große Entscheidung macht, hat sein gesamtes Geld in Aktien angelegt – und sein Portfolio hat ihm eine Rendite von 9,6 Prozent eingebracht.

Sie fragen noch: Liegt Charlies Erfolg an der besseren Aktienauswahl (den kleinen Entscheidungen) oder an der besseren Portfoliostrukturierung (der großen Entscheidung)?

Sie können sich diese Frage selbst beantworten. Sie sollten immer, wirklich immer, die großen Entscheidungen im Blickfeld haben. Sie sollten Ihre Zeit nahezu vollständig der Strukturierung Ihres Portfolios widmen und die allgemeine Entwicklung von Aktien, Anleihen, Rohstoffwerten oder Devisenmärkten verfolgen. Für die Entscheidung, welche Aktie oder welche Anleihe Sie letztlich erwerben wollen, reicht ein viel, viel geringerer Zeitaufwand.

Sorgen Sie dafür, dass Sie insgesamt auf dem richtigen Kurs sind – die kleinen Dinge regeln sich meist von selbst. Wenn Sie natürlich unbegrenzt viel Zeit haben und unter keinerlei Stress stehen, können Sie über *alle* Entscheidungen lange nachdenken. Aber wer von uns ist schon in einer solch glücklichen Lage!

2

Anleihen

Langsam, aber sicher

Bei hohen Zinsen zuschlagen!

Anleihen sind eine recht simple Geldanlage. Als Anleger müssen Sie nur drei grundlegende Kriterien berücksichtigen: Verzinsung, Laufzeit und Bonität des Emittenten. Es gibt noch einige kleinere Aspekte zu beachten, aber diese drei Kriterien sind die wichtigsten.

Die Leute kaufen Anleihen wegen der Zinsen, die diese abwerfen – und weil sie ihren Kapitaleinsatz zum Fälligkeitstermin zurückbekommen wollen. Früher, als Anleihen noch in Papierformat ausgestellt wurden, waren die halbjährlichen Zinsscheine (Kupons) einfach an das Wertpapier angehängt. Man nahm die Schere, schnitt den Kupon ab und ließ den Gegenwert dem eigenen Bankkonto gutschreiben oder bar ausbezahlen. Waren die Zinsen hoch, beliefen sich die Kupons auf größere Summen; bei niedrigen Zinssätzen fielen die Beträge entsprechend kleiner aus. Heute werden Anleihen elektronisch ausgegeben, und Kupons im früheren Sinne gibt es nicht mehr; aber der Grundgedanke ist der gleiche.

Die große Frage beim Kauf von Anleihen lautet also: Welche Kapitalverzinsung erhalten Sie für welche Laufzeit? Wie hoch soll der Kupon sein, den Sie erwarten? Anders als bei Aktien gibt es bei Anleihen, sofern es sich nicht um Wandelanleihen oder Ähnliches handelt, keine nennenswerten Kursgewinne. Sie bekommen Ihre Zinsen und das war's.

Trotzdem – als Anleger dürften Sie daran interessiert sein, eine möglichst hohe Anleiherendite zu erzielen. Sie wollen den Ihnen zustehenden Zinsbetrag maximieren und mit hoher Wahrscheinlichkeit gewährleistet sehen, dass der Emittent die ausstehende Rückzahlung termingerecht ableistet. So gesehen müsste es eigentlich eine Selbstverständlichkeit sein, nur bei überzeugenden Zinssätzen Anleihen zu kaufen – und dann Anleihen mit langen Laufzeiten zu wählen.

Weit gefehlt. Meiner Erfahrung nach geschieht genau das Gegenteil. Sobald sich die Aussichten am Anleihemarkt leicht verschlechtern (was normalerweise bei steigender Inflation, Zinserhöhungen seitens der Notenbank oder Währungsschwäche der Fall ist), steigen die Zinsen. Und statt nun die Laufzeiten allgemein zu verlängern und sich damit hohe Anleiherenditen zu sichern, kaufen die Leute lieber kurzfristige Anleihen aus Sorge, ihnen könnten gegebenenfalls noch höhere Zinssätze durch die Lappen gehen.

Befinden sich die Zinsen hingegen auf Talfahrt, stürzen die Leute zur Tür und versuchen, ihre Neuerwerbungen bis ins Jenseits laufen zu lassen. Ich kann immer nur den Kopf schütteln, wenn ich dieses Phänomen beobachte; aber ich bin ganz sicher, dass sich daran nie etwas ändern wird.

Und hier ist meine Faustregel für die amerikanische Zinslandschaft: Wenn Unternehmensanleihen guter Bonität (beispielsweise mit A-Rating) 8 Prozent abwerfen, sind sie bei einer Laufzeit von 7 Jahren eine gute Geldanlage. Bei jedem höheren Zinssatz empfehlen sich längere Laufzeiten. Bei 9 Prozent beispielsweise sollten Sie Anleihen mit Laufzeiten von 8 oder 9 Jahren erwerben und bei 10 Prozent etwa 10-jährige Anleihen. Bei Zinssätzen von über 10 Prozent sollten Sie sich um qualitativ sehr hochwertige Anleihen [wie Bundesanleihen, Anm. d. Übers.] bemühen und Laufzeiten von 12 bis 15 Jahren anstreben. Aber solche Chancen werden einem höchst selten geboten.

Wenn umgekehrt die Zinssätze unter 8 Prozent fallen, sollten Sie sich auf kürzere Laufzeiten verlegen. Bei 7 Prozent halten Sie Ausschau nach Anleihen mit einer Laufzeit von etwa 5 Jahren. Bei 6 Prozent reichen 3 Jahre. Darunter sollten Sie CDs (Certificates of Deposit, Einlagenzertifikate), Schatzwechsel und kurzfristige (unbesicherte) Schuldtitel (Commercial Papers) usw. in Erwägung ziehen und geduldig abwarten. Keine Sorge – die Aktien, die Sie für Ihr Portfolio erworben haben, müssten Sie eigentlich entschädigen!

Anleihen als Vorhut

Wenn der Aktienmarkt ein Hoch erreicht, fallen zuerst die Anleihenotierungen. Die Zinsen sind die Vorhut von Aktienkursen, Anleihekursen, Unternehmensgewinnen und wirtschaftlichen Entwicklungen.

Ein hohes Kursniveau bei Aktien ist Beleg für eine robuste, durch steigende Unternehmensgewinne geprägte Wirtschaft. Die Warennachfrage nimmt zu, die Inflation zieht an. Die Notenbank, stets eingedenk ihrer Verpflichtung, die Inflation unter Kontrolle zu halten, dreht häufig an der Zinsschraube in der Hoffnung, die Wirtschaft zu verlangsamen – was natürlich bedeutet, dass die Anleihenotierungen nachgeben.

Erreicht der Aktienmarkt ein Tief, tritt das Gegenteil ein. Eine schwache Wirtschaft muss angekurbelt werden, sodass die Notenbank die Zinsen senkt. Die Anleihenotierungen ziehen an und kurz darauf steigen auch die Aktienkurse.

Eine Zinserhöhung kann somit ein Markthoch, eine Zinssenkung hingegen ein Markttief signalisieren. Anleihen tendieren dazu, dem Markt bei Hochständen wie auch bei Tiefständen als Vorhut zu dienen.

Besser einen Spatz in der Hand als eine Taube auf dem Dach

Wenn Sie Aktienanteile erwerben, werden Sie Miteigentümer der betreffenden Unternehmung – ein Kleineigentümer, gewiss, aber immerhin Eigentümer. Erwerben Sie hingegen eine Anleihe, fungieren Sie für den Emittenten als Kreditgeber oder Gläubiger. Also: Sie haben 100 Ford-Motor-Aktien in Ihrem Portfolio und sind damit Eigentümer, aber wenn Sie eine Ford-Motor-Anleihe kaufen, sind Sie für Ford ein Gläubiger.

Dieses Eigentümer-Gläubiger-Konzept kann zur Klärung der Frage beitragen, warum Aktien über die Zeit gesehen eine höhere Wertsteigerung bieten. Eigentum an einem Unternehmen weist ein höheres Wertsteigerungspotenzial auf als eine entsprechende Kreditvergabe. Wenn Sie einen Kredit geben, erhalten Sie eine fest vereinbarte potenzielle Rendite (nämlich Ihre Kapitalverzinsung), aber Sie riskieren unter Umständen Ihr gesamtes Investment, falls das emittierende Unternehmen letztlich nicht in der Lage ist, Ihnen Ihr Geld zurückzuzahlen.

Als Eigentümer gehen Sie dasselbe Risiko ein wie der Gläubiger (der Wert der Aktie könnte auf null gehen), aber Sie haben einen weitaus größeren Kursspielraum. Ich wette, Sie können im Handumdrehen ein Dutzend Leute nennen, die es als Unternehmenseigner zu Reichtum gebracht haben, während wohl ein Mittagessen mit drei Martini vonnöten sein dürfte, bis Ihnen nach langem Nachdenken zwölf Leute einfallen, die als Gläubiger reich geworden sind.

Wie Sie sehr wohl wissen, versucht Ihr Banker, so billig wie möglich an Geld zu kommen, um es dann zu einem möglichst hohen Zinssatz wieder zu verleihen. Dabei kommt es dann auch mal zu notleidenden Krediten – und zu langen, brutalen Banksitzungen, wenn die Situation brenzlig wird.

Sie sollten, wo immer möglich, Eigentümer sein!

Umsonst ist nur der Tod

Der festverzinsliche Anteil in Ihrem Anleiheportfolio sollte so angelegt sein, dass er Ihnen die Kapitalverzinsung und die Rückzahlung garantiert.

Wenn eine Verlängerung Ihrer Anleihen ansteht oder Sie über zusätzliche Barmittel für Neuinvestitionen verfügen, ist der Anleihemarkt vielleicht nicht immer dazu angetan, Ihren Ansprüchen gerecht zu werden. Angenommen, Sie streben eine Rendite von 8 Prozent für Ihr festverzinsliches Portfolio an und neue erstklassige Anleihen mit 7-jähriger Laufzeit werfen nur 6,8 Prozent ab; in einer solchen Situation könnten Sie versucht sein, auf andere Konditionen umzusteigen, um die angestrebte Rendite mit der neuen Geldanlage zu realisieren.

Sie haben zwei Möglichkeiten. Entweder erwerben Sie eine Anleihe mit längerer Laufzeit oder aber eine Anleihe minderer Qualität. Anstelle der mit A eingestuften Unternehmensanleihe mit 7-jähriger Laufzeit können Sie sich mit einer BBB-Unternehmensanleihe mit 10-jähriger Laufzeit begnügen und sich beglückwünschen: Sie haben tatsächlich eine Anleihe mit 8-prozentiger Rendite ergattert.

Auf dem Anleihemarkt gibt es nichts umsonst, genauso wenig wie andernorts. Wenn Sie 8 Prozent anstelle von 6-Komma-noch-was kassieren, zahlt man Ihnen halt ein bisschen mehr dafür, dass Sie ein zusätzliches Risiko eingehen. Dieses besteht darin, dass sich die Wahrscheinlichkeit einer Nichterfüllung der Rückzahlungspflicht oder einer galoppierenden Inflation, die den Wert Ihrer Zinsen auffrisst, erhöht.

Ich würde Ihnen empfehlen, das geringere Risiko einzugehen und sich für 6-Komma-noch-was zu entscheiden. Denn: Bei niedrigen Zinsen dürften Sie in der Lage sein, auf dem Aktienmarkt sehr viel mehr Geld zu verdienen und damit Ihr Renditeziel allemal zu erreichen.

Steigende Zinsen sind gewöhnlich ein Hinweis auf eine drohende Inflation oder eine mögliche Rezession, sofern die Notenbank an der Zinsschraube dreht. In einem solchen Fall ist man mit höherer Bonität gut beraten, zumal wirtschaftlich schlechte Zeiten schlechteren Schuldnern den Garaus machen. Und steigende Zinssätze begünstigen eher die Inhaber kurzfristiger Anleihen.

Es lohnt sich nicht, ein ganz bestimmtes Renditeziel um jeden Preis erreichen zu wollen. Sollten Sie sich bei derartigen Überlegungen ertappen, müssen Sie sich fragen, ob die damit verbundenen Risiken die zusätzliche Rendite, die Sie sich auf diese Weise erkaufen, wirklich wert sind.

Wie Sie feststellen werden, fällt die Antwort immer gleich aus.

Kaufen Sie keinen Schrott

Bei Junk Bonds, Penny Stocks und Optionsanleihen heißt es für die meisten Geldanleger: Hände weg! Diese Wertpapiere zählen zu den am schlechtesten bewerteten Schuldverschreibungen ihrer Assetklasse. Warum werden sie dennoch gekauft?

Dafür gibt nur einen einzigen Grund: die hohe Verzinsung. Jede dieser Geldanlagen bietet ein überdurchschnittliches Gewinnpotenzial. Ein Junk-Bond-Papier mit 16-prozentiger Verzinsung kann sich zu einer Geldanlage guter Bonität entwickeln und damit eine deutlich über den Marktzinsen liegende Annuität abwerfen, ganz zu schweigen von der Kursverbesserung infolge der Bonitätssteigerung. Penny Stocks können sich irgendwann sogar zu soliden Aktien mausern – und Ihnen das Hundertfache Ihres Geldeinsatzes einbringen. Oder jene nahezu wertlose Optionsanleihe, für die Sie nur $1/16$ bezahlt haben, wird von einem Übernahme-Blitz getroffen und auf 5 Dollar katapultiert – das Achtzigfache Ihres ursprünglich investierten Betrages.

3

Von Bullen und Bären

Wer höher steigt, als er sollte, fällt tiefer, als er wollte

Auch eine große Baisse beginnt mit kleinen Korrekturen

Von einem Bärenmarkt ist gewöhnlich die Rede, wenn das durchschnittliche Kursniveau um 20 Prozent gefallen ist. Ich muss ehrlicherweise eingestehen, dass ich die Quelle für diese Weisheit nie habe ausfindig machen können, aber die 20-Prozent-Regel scheint allgemein anerkannt zu sein. Das ist wichtig, weil das Wort *Bärenmarkt* so bedeutungsschwanger tönt. Irgendwie klingt es viel unheilvoller als lediglich „Korrektur". Eine Korrektur erscheint demgegenüber geradezu beschwichtigend – beispielsweise so: „Ich hatte Mississippi falsch buchstabiert und musste das korrigieren." Oder: „Die Aktienkurse werden nach unten korrigiert." Das hört sich doch nett und höflich an, harmlos und unschuldig.

Aber ein „Bärenmarkt"? Ach du liebe Güte! In ängstlicher Erwartung eines beginnenden Bärenmarktes ist von Kommentatoren häufig zu hören: „Unserer Meinung nach ist eine Korrektur überfällig." Eine Korrektur! Wir atmen erleichtert auf.

Die Wahrheit ist, dass auch Bärenmärkte mit Korrekturen beginnen. Eine Korrektur ist wie ein Saatkorn, aus dem ein Bärenmarkt herankeimen kann. Und wahr ist auch, dass keiner so richtig weiß, ob eine Korrektur bei 10 Prozent stoppt (auch eine allgemein anerkannte Regel) oder zu einem viel größeren Desaster ausartet.

Wörter tragen Bedeutung, und in dem Maße, wie sie besorgniserregend oder beruhigend wirken, können sie unsere Investmentstrategie beeinträchtigen. Wenn jemand von „Korrektur" spricht, sollten Sie nicht davon ausgehen, dass Sie eine milde, angenehme Brise zu erwarten haben, sondern dass ein Kursrückgang ins Haus steht – und den dürfen Sie nicht auf die leichte Schulter nehmen!

Schließlich sollten Sie auch wissen, dass selbiger Kommentator gewöhnlich erst dann von einem Bärenmarkt spricht, wenn der Kursverfall die Aktien bereits auf ein vernünftiges Niveau gedrückt hat. Kurz gesagt: Bei „Korrektur" sollten Sie verkaufen, bei „Bärenmarkt" hingegen kaufen!

Wie man liegt, so lügt man

Stellen Sie sich zwei Investoren auf einem Bärenmarkt vor (die Kurse notieren gewöhnlich um 20 bis 30 Prozent niedriger). Der eine hat sein gesamtes Vermögen angelegt und befindet sich in erheblicher Bedrängnis. Der andere schwimmt in Geld und wartet nur darauf, investieren zu können.

Sie könnten die beiden nun fragen, ob sie eher „bullish" oder „bearish" – also eher in Hausse- oder in Baissestimmung – sind. Ein sinnloses Unterfangen. Wenn der Markt vor sich hin dümpelt und Sie bis zum Hals in Aktien stecken, sind Sie *voller Hoffnung*. Sie hoffen, dass sich der Markt wieder erholt und Sie mit heiler Haut davonkommen; und um sich dieses glücklichen Umstandes würdig zu erweisen, legen Sie das Gelübde ab, nie wieder zu hoch in Aktien zu investieren.

Wenn Sie Geld flüssig haben, sind Sie optimistisch. Sie überlegen, was Sie wohl kaufen werden und was nach der Wende als Erstes einen Aufschwung erfährt.

Jeder Investor vertritt eine Marktauffassung, die mehr seinem emotionalen Zustand als einer rationalen Bewertung der Aktienkurse entspricht. Ihr Schiff ist bis oben hin mit Wertpapieren beladen – wie könnten Sie in dieser Situation unter pessimistischer Flagge segeln?

Zwei Schritte vor, ein Schritt zurück

Während eines Bullenmarktes fragen sich die Anleger oft, warum vorsichtiges Taktieren lohnt. Ein einfaches Beispiel soll jeden Zweifel beseitigen: Ein starker Markt verhilft Ihnen drei Jahre lang zu erfreulichen 20 Prozent Jahresrendite. Nach 36 Monaten hat sich Ihr Portfolio von 100 000 Dollar auf 160 000 Dollar erhöht (der Einfachheit halber verzichten wir auf die Zinseszinsrechnung).

Ein zwei Jahre anhaltender Bärenmarkt kappt die Aktienkurse um verheerende 20 Prozent (die übliche Definition eines Bärenmarktes). Ihr Portfolio mit 160 000 Dollar ist auf 128 000 Dollar geschrumpft. Mit anderen Worten: Nach einer Investmentzeit von fünf Jahren haben Sie eine Gesamtrendite von 28 Prozent – rund 5,5 Prozent jährlich. In einem Geldmarktfonds hätten Sie etwa dieselbe Rendite erhalten. Für das Risiko, das Sie mit Ihrer Anlage eingegangen sind, haben Sie eigentlich recht wenig Zusatzerträge erzielt!

Im Grunde genommen machen sich nur sehr wenige Börsianer die Mühe, einschlägige Rechnungen anzustellen. Auf jeden, der hier zum Taschenrechner greift, so möchte ich wetten, kommen 999 andere, die schier endlos ihre Zinseszinsen berechnen und addieren, um herauszubekommen, wo sie nach 20 Jahren gelandet sind. „Wir wollen doch mal sehen, ob man nicht in den nächsten 19 Jahren 18 Prozent jährlich erreichen kann, so wie dieses Jahr, dann hätte ich ..."

Wenn Sie über potenzielle Erträge nachdenken, müssen Sie einen Bärenmarkt einkalkulieren. Bärenmärkte gehören einfach zum Börsenalltag, auch wenn Sie das in Anbetracht der Erträge der 1990er-Jahre nicht glauben mögen. (Vielleicht hat der eine oder andere meiner verehrten Leser aber in 2000 und 2001 auch eine Lektion erteilt bekommen!) Bärenmärkte werden uns so lange begleiten, wie es Gier und Angst zu korrigieren gilt.

Moral: Denken Sie daran, dass ein Bärenmarkt Ihrem Bullenmarkt einen Dämpfer verpassen wird. Eine Finanzplanung, die dieses Faktum nicht in Rechnung stellt, ist schlicht und einfach schlechte Planung.

Was Börse mit Football
gemeinsam hat

Die Buffalo Bills haben ihre Wurzeln in der alten American Football League. Als langjährig mitzitternder Bills-Fan (Ob wir *das* Spiel je gewinnen?) gibt es nur eins, wofür ich den Bills niemals die Schuld in die Schuhe geschoben habe: ein schlechtes Börsenjahr. Ich denke da natürlich an den Super-Bowl-Indikator.

Der ist ziemlich genau. Wenn ein Team aus der ursprünglichen National Football League den Super Bowl gewinnt, steht in dem betreffenden Jahr aller Wahrscheinlichkeit nach ein Bullenmarkt an. Gewinnt ein Team der American League, können Sie davon ausgehen, dass ein Bärenmarkt aus dem Winterschlaf erwacht.

Darüber habe ich lange nachgedacht. Zuerst dachte ich, es läge daran, dass die NFL-Teams in den alten Städten des „Rostgürtels" (Detroit, Pittsburgh, Cleveland) heimisch sind und nur eine gute Wirtschaft den dortigen Bewohnern und Eigentümern einen Anreiz zu geben vermöchte, solche Teams anzufeuern, Lederbälle zu fangen und über die Torlinie zu springen. Das wäre zumindest eine Erklärung. Aber bei dieser dubiosen Theorie hat es so viele Ausnahmen gegeben, dass ich doch meine Zweifel an ihrer Korrektheit habe.

Mittlerweile bin ich zu der Überzeugung gelangt, dass es sich um einen netten Zufall handelt, aber mehr auch nicht. Vielleicht ist das genauso ein Zufall wie die Tatsache, dass Abe Lincolns Sekretär Kennedy hieß und zu John Kennedys Stab eine Person namens Lincoln zählte – kuriose historische Begebenheiten, die kaum börsenrelevant sein dürften.

Allerdings habe ich mir geschworen, das Durchschnittsgewicht der vier Defense-Spieler im Bills-Team im Auge zu behalten. Wenn die nämlich in der Lage sind, jeweils rund 136 Kilo zu bewegen, könnte das ja ein Indikator dafür sein, dass wir ein gutes Jahr zu erwarten haben – und dann würde ich doch wieder an den Super-Bowl-Indikator glauben.

Andererseits könnte einem der Gedanke, die ganze Saison lang diese Fleischberge keuchen und schwitzen zu sehen, den Spaß an der Sache etwas verleiden.

Experten haben 12 der letzten 7 Abschwünge vorausgesagt

Den Satz pflegen Wall-Street-Auguren zum Besten zu geben, sobald ein Wirtschaftsexperte mit seiner pessimistischen Wirtschaftsvoraussage einen Bullenmarkt bedroht. (Was! Eine Rezession! Verdammt!) Und der ist nur begrenzt komisch, denn wie Humor schlechthin enthält auch er ein Körnchen Realität.

Eingedenk ihrer Erfahrungen mit der Weltwirtschaftskrise sagten die Experten für die Zeit nach dem Zweiten Weltkrieg Unheil bringende Ereignisse voraus ... all die vielen heimkehrenden Soldaten, all die vielen Rüstungsfabriken ohne Aufträge ... Natürlich ist es zu einem solchen Abschwung nie gekommen. Nichtsdestoweniger wurden mit schöner Regelmäßigkeit in den 1950er-, 60er- und 70er-Jahren Rezessionen und Depressionen angekündigt.

Noch unter dem Schock des schrecklichen Abschwungs von Wirtschaft und Börse Mitte der 70er-Jahre griffen die unkenden Börsenpropheten in den 80er-Jahren noch einmal zu ihrem Rezessionsmantra, aber seit Ende der 90er-Jahre erscheinen sie nicht mehr in Nadelstreifen, sondern in Sack und Asche. Überwältigt von den Wundern der zentralbankgemanagten Wirtschaft („Wir haben aus unseren Fehlern gelernt", so der Kommentar eines der Kristallkugel-Gucker) hat sich das Blatt mit Macht gewendet.

In den letzten Jahren dreht sich die wirtschaftliche Argumentation um die Frage, ob Rezessionen auf immer und ewig verbannt sind. Nur Brummbären und Zentralbanker hängen noch dem Glauben nach, es könne doch wieder mal eine Rezession geben.

Aus alldem ist nur eine einzige vernünftige Schlussfolgerung zu ziehen: In Zukunft werden Experten 12 der letzten 7 Aufschwünge voraussagen!

Mit Finanzwerten im Aufwind

Ich habe dergleichen schon mehrfach erlebt – es ist immer wieder dasselbe: Investoren, die allzu pessimistisch über die Aussichten am Aktienmarkt nachgrübeln, erwischt es auf dem falschen Bein, wenn ein Aufschwung eintritt. Ob im Jahr 1982 oder zu Beginn des Golfkrieges – die anfängliche Aufwärtsbewegung ist stets markant und allumfassend zugleich. Alles scheint in Bewegung zu geraten.

In ihrer Besorgnis, welche Aktien wohl den Marktaufschwung nicht mitmachen werden, sitzen viele Leute gleichsam auf einem Nebengleis, ringen die Hände und warten (vergeblich) darauf, dass sich die alten Tiefstände wieder einstellen. Nur Mut! Kaufen Sie einen dicken Broker-Wert oder die Aktie eines Finanzdienstleisters! Wenn sich wirklich ein Bullenmarkt entwickelt, ist es die Branche der Finanzdienstleister, die für die Dauer des Aufschwungs zunehmend gute Geschäftserfolge erzielt. Das sind Aktien, die Sie getrost als Basis-Investment für steigende Märkte einsetzen können.

Die meisten Bullenmärkte haben ein Kupferdach

Wie jeder Börsenveteran weiß, verheißen steigende Rohstoffpreise nichts Gutes für den Aktienmarkt. Rohstoffe wie Kupfer und Öl sind höchst wichtige Güter. Aber sie sind auch Grundbestandteil für höchst wichtige Produkte, die wir kaufen. Im Wesentlichen bedeutet der Anstieg des Kupferpreises (oder Ölpreises) steigende Fertigungskosten. Wenn die Rohstoffpreise anziehen, sollte man davon ausgehen, dass zwei Entwicklungen eintreten.

Zum einen können die Produzenten in Anbetracht der Wettbewerbssituation ihre Preise nicht erhöhen und sehen ihre Gewinnspannen unter Druck. Entsprechend stagnieren ihre Erträge oder nehmen sogar ab. Zum anderen werden die gestiegenen Kosten auf den Verbraucher in Form von Preiserhöhungen abgewälzt. Das wiederum hat zur Folge, dass die Verbraucher nicht mehr so viel Geld wie bisher für andere Dinge ausgeben können.

Keine dieser beiden Entwicklungen ist den Aktienkursen zuträglich, denn Geldanleger schauen normalerweise auf Wachstum und stagnierende Erträge bedeuten niedrigere Aktienkurse. Fast 70 Prozent des Wirtschaftswachstums hängen in den USA vom Ausgabeverhalten der Verbraucher ab: Jede Ausgabenkürzung schwächt die Wirtschaft und verlangsamt das allgemeine Wachstum. Das wiederum führt zu geringeren Umsätzen und niedrigeren Unternehmensgewinnen und schlägt sich letztlich in niedrigeren Aktienkursen nieder.

Wenn Sie auf einem Bullen reiten, sollten Sie tunlichst nach oben schauen. Es kann ganz schön weh tun, wenn man mit dem Kopf an die Decke stößt – vor allem dann, wenn die aus Kupfer ist. Gegen Ende eines Wirtschaftsaufschwungs übertrifft in aller Regel die Nachfrage nach

Rohstoffen das vorhandene Angebot. Da Kupfer für eine breite Palette industrieller Anwendungen eingesetzt wird, ist gerade dieser Rohstoff dazu angetan, robuste Nachfrage und steigende Rohstoffpreise zu signalisieren. Die damit verbundene inflationäre Tendenz wird dann durch Zinssteigerungen bekämpft, worauf mit zunehmender Konkurrenz durch Anleihen ein Absinken der Aktienkurse folgt.

Am Tropf der Zinsen

Eine inverse Zinsstrukturkurve (d. h. die Zinsen für kurzfristige Geldanlagen sind höher als für längerfristige) ist ein Kaufsignal für Versorgungswerte und andere zinssensitive Aktien. Der Grund: Zinskurven werden oft invers, nachdem die Notenbank die Zinsen erhöht hat. In einem solchen Fall sinken die Kurse bei Versorgungswerten und anderen zinssensitiven Aktien (beispielsweise Bankaktien) aufgrund höherer Kapitalkosten.

Meiner Erfahrung nach ist bei inversen Zinsstrukturkurven häufig die Möglichkeit gegeben, zinssensitive Aktien zu Schnäppchenpreisen zu erwerben. Zinsstrukturkurven mit inversem Verlauf sind nicht die Norm und sollten als günstige Gelegenheit genutzt werden.

Bullenerfolg: Glück oder Verdienst?

Auch hier geht es um eine alte Wall-Street-Weisheit, an die immer wieder erinnert werden sollte, weil sie bei so vielen Börsianern immer wieder in Vergessenheit gerät.

In Zeiten eines guten, alten, aufwärts strebenden Bullenmarktes ziehen die meisten Aktien mit. Und manch eine Aktie setzt gar zum Höhenflug an. Die sprichwörtliche Flut verleiht allen Booten Auftrieb. Wenn nun die Flut Ihr Boot anhebt, schreien Sie wohl kaum zu dem Typ im nächsten Kahn hinüber: „He, Mann! Bin ich nicht gut? Mein Boot steigt!" Das archimedische Prinzip ist nämlich nicht Ihr Verdienst. Genauso verhält es sich mit dem Bullenmarkt. Der Markt erhält Auftrieb und nimmt so gut wie alles mit. Nun schreien Sie bloß nicht „He, Mann! ..."

Es ist doch so: Jeder will mit von der Partie sein. Jeder möchte die Genugtuung erfahren, mutmaßliche Aktienchancen zu nutzen. Jeder möchte den S&P-500-Index schlagen und das in alle Welt hinausposaunen. So gibt es vielleicht eine Million Investoren, die ihr Geld in Aktien angelegt haben, und kraft des Auftriebsprinzips machen ein paar Tausend davon den großen Reibach – sie haben einfach auf die richtige Kombination gesetzt. Irgendeiner muss ja die richtige Kombination haben! Und von den paar Tausend Anlegern sind es dann einige ganz wenige, die ihren Erfolg mit Recht der eigenen Leistung zuschreiben können.

Allerdings sind solche Genies schwer ausfindig zu machen, denn meiner Erfahrung nach ist eigentlich nur berechtigt, wer dieses Verdienst dem Bullenmarkt zuschreibt. Eine höchst diffizile Angelegenheit, aber darin unterscheiden sich die besten Börsianer von allen anderen: Die wirklich guten Anleger werden Ihnen sagen, sie hätten eben Glück gehabt, während die aufs Glück angewiesenen Anleger darauf pochen, sie seien halt sehr gut ...

Die Notenbank gibt den Ton an

Die Bühne ist frei für einen neuen Bullenmarkt, wenn fallende Zinsen, Liquidität, die auf Anlage wartet (Investmentfondsgelder und Kapitalzuflüsse sind gute Indikatoren), fundamental günstig bewertete Aktien und jede Menge Investorenpessimismus zu beobachten sind.

Die Notenbank leistet mit ihrer Zinspolitik einen erheblichen Beitrag zur Ausrichtung der Wirtschaft. Ganz allgemein gilt: Wenn schlechte Nachrichten ins Haus stehen und die Notenbank die Zinsen senkt, stehen Aktienkäufe unter keinem schlechten Stern!

4

Kaufen oder auf fallende Kurse setzen

Es geht zur Sache

Der Aktienmarkt hilft Käufern mehr als Verkäufern

Das ist ein Faktum. Sie können es nachlesen. Der Aktienmarkt befindet sich zu 80 Prozent der Zeit im Aufschwung oder stagniert. Mit anderen Worten: Wenn Sie an Leerverkäufen interessiert sind und von fallenden Kursen zu profitieren versuchen, stehen die Chancen nicht sonderlich gut für Sie. Die meiste Zeit werden Sie wohl Pech haben.

Bei steigendem Markt ziehen die meisten Aktien an. Die guten genauso wie die schlechten. Und deshalb lautet das erste Gebot, den Markt richtig einzuschätzen. Sie müssen für Ihre Leerverkäufe schon die 20 Prozent der Zeit erwischen, wenn der Markt Ihnen bei der Realisierung Ihrer Pläne hilft. Bei abwärts tendierendem Markt sinken die meisten Aktienkurse.

Als Zweites müssen Sie sich eine überbewertete Aktie aussuchen. Es reicht aber nicht, dass die tragenden Unternehmensgemäuer morsch sind – Sie müssen das nämlich erkennen, *bevor* der Rest der Welt dahinter kommt. Sollten Sie sich diesbezüglich irren, werden Sie erleben, dass die Aktie nicht fällt. Und sollte die übrige Welt die Morschheit der Gemäuer schon erkannt haben, ist die Aktie bereits gefallen und hat Ihr Gewinnpotenzial größtenteils zunichte gemacht.

Sie müssen die Aktie eines Unternehmens mit schlechten Geschäftsaussichten ausfindig machen, bevor der Rest der Welt Interesse bekundet; und die Situation muss hinreichend Spielraum nach unten bieten, damit Sie profitieren können. Ich möchte, grob geschätzt, behaupten, dass Ihre Chancen für einen Aktienleerverkauf 1 zu 20 oder 1 zu 30 stehen. Deshalb gibt es auch so wenige Leerverkäufer. Viele versuchen sich in diesem an sich durchaus legitimen Geschäft, aber bis sie es geschafft haben, sich gegen den für sie ungünstigen Trend der anderen Marktteilnehmer (Sie erinnern sich, fast alle anderen sind bemüht, die Aktienkurse in die Höhe zu treiben) durchzusetzen, müssen sie sich schon mächtig ins Geschirr legen.

Nahezu alle Anleger sind besser beraten, wenn sie sich aufs Kaufen verlegen. Wenn Sie also der Meinung sind, Aktien seien überbewertet, machen Sie Kasse und nehmen sich eine Auszeit. Es wird schon noch alles da sein, wenn Sie zurückkommen. Börsenferien sind gewöhnlich sehr viel preiswerter als Leerverkäufe!

Schnell gekauft, lang bereut

Gutes Investieren verlangt sorgfältiges Überlegen, einen soliden strategischen und taktischen Plan, eine einigermaßen gründliche Analyse und ein gutes Urteilsvermögen. Wie jedes andere komplexe Unterfangen umfasst auch das Geldanlegen eine Menge beweglicher Teilkomponenten, die es aufeinander abzustimmen gilt, wenn die Gesamtrechnung aufgehen soll. So kann es passieren, dass Sie eine wirklich gute Aktie erwerben ... und dann entfacht sich eine wirtschaftliche Feuersbrunst wie die Währungskrise in Asien, die Ihre Position aufzehrt.

In Anbetracht der Tatsache, dass erfolgreiches Investieren eine derart schwierige Angelegenheit ist, sollten Sie so viel Zeit wie möglich dafür aufbringen. Anders gesagt: Je weniger Zeit Sie sich nehmen, um über ein Investmentprojekt nachzudenken, desto größer wird die Wahrscheinlichkeit eines Misserfolgs.

Viele Anleger lassen sich schnell zu der Auffassung verleiten, großartiges Nachdenken erübrige sich, weil es doch so leicht ist, eine Finanzposition zu eröffnen. Sie verwechseln dabei die Transaktion als solche mit der Arbeit, die im Vorfeld zu leisten ist. Andere stürzen sich in ihrer Hektik, nur ja nicht das sprichwörtlich todsichere Geschäft zu verpassen, in eine Geldanlage, ohne das damit verbundene Risiko abzuschätzen oder zu hinterfragen, ob sich das Projekt überhaupt lohnt.

Lassen Sie sich Zeit, bevor Sie eine Position eröffnen. Denken Sie darüber nach, warum Sie investieren wollen, wie viel Sie investieren wollen und aus welchen Gründen Ihnen dieses Investmentprojekt sinnvoll erscheint. Stellen Sie Nachforschungen an, machen Sie sich schlau. Bei der Untersuchung der verschiedenen Aspekte Ihres Vorhabens stoßen Sie unter Umständen auf einen Negativfaktor, der Ihnen auf den ersten Blick gar nicht aufgefallen ist.

Wenn Sie auf die Schnelle investieren, handeln Sie sich in aller Regel einen Verlust ein. Und anders als bei Ihrer vorschnellen Kauftransaktion bleibt Ihnen viel, viel Zeit für nachträgliche Reue.

Hoch einsteigen und höher aussteigen

Es gibt zwei Typen von Investoren: Momentumorientierte (wachstumsorientierte) und wertorientierte Anleger. Beide verfolgen durchaus legitime und sinnvolle Ansätze, nur müssen Sie als Anleger darauf achten, dass Ihr Investmentstil mit Ihrer Persönlichkeit harmoniert. Wenn Sie nicht sicher sind, zu welchem Anlegertyp Sie gehören, könnten Ihnen die folgenden vier Denkanstöße weiterhelfen:

▲ Sind Sie bei Ihren Einkäufen bereit, das Gewünschte ganz einfach zum ausgezeichneten Preis zu erstehen?
▲ Schauen Sie, wenn Sie im Restaurant die Speisekarte studieren, erst ganz zuletzt auf den Preis?
▲ Liefern Sie einen Mietwagen halb leer wieder ab und bezahlen dem Autoverleih eine entsprechende Gebühr, damit der Wagen wieder voll aufgetankt wird?
▲ Stimmt es, dass Sie noch nie Kupons abgetrennt haben?

Wenn all dies auf Sie zutrifft, sind Sie vermutlich ein Momentum-orientierter Investor. Momentum-orientierte Investoren steigen hoch ein und versuchen, noch höher wieder auszusteigen. Solche Anleger wollen eine Aktie besitzen, die bereits einen definitiven Trend erkennen lässt. Es lässt sie kalt, wenn sie dicht am Tiefstand kaufen. Es macht ihnen aber auch nichts aus, wenn sie einen hohen Preis für eine Aktie zahlen, sofern diese ein todsicherer Gewinner zu sein scheint.

Wenn Sie zu diesem Anlegertyp gehören, machen Sie sich keine Gedanken darüber, ob Sie eine Aktie auf ihrem Tiefstand erwischen. Das entspricht einfach nicht Ihrem Stil. Vielmehr halten Sie nach solchen Märkten und Anlagen Ausschau, die zu Ihrer Persönlichkeit passen. Wenn der Goldpreis von 280 Dollar auf 350 Dollar gestiegen ist und Ihre wertorientierten Freunde mit der Zunge schnalzen ob dieser „übertriebenen Wertsteigerung" und Ihnen den weisen Rat geben, „sich lieber auf eine Korrektur einzustellen", dann sollte Sie all das nicht kümmern. Sie wollen das Papier haben: also kaufen.

Aber vergessen Sie nicht Teil zwei des Geschäfts: höher verkaufen.

Bei Gewinnern nachlegen

Bei einer guten Position sollten Sie unbedingt nachkaufen. Das ist leichter gesagt als getan. Denn entweder hält man sich nicht daran oder tut zu viel des Guten.

Nachdem Sie eine Position eröffnet haben, möchten Sie Ihre Entscheidung vom Markt dadurch bestätigt sehen, dass er Ihnen zu einem Gewinn verhilft. Ist dies der Fall, so signalisiert er Ihnen damit, dass Sie auf dem richtigen Kurs sind: Sie sollten Ihre Position etwas (etwas!) erweitern.

Nehmen wir einmal an, Sie kaufen Dezember-Silber zu 5 Dollar je Unze. Der Markt erhöht sich um 2 Prozent auf 5,10 Dollar. Mit dem 5000-Unzen-Kontrakt haben Sie inzwischen einen Gewinn in Höhe von 500 Dollar erzielt. Kaufen Sie einen weiteren Kontrakt hinzu (aber nicht fünf auf einmal!). Ihre durchschnittlichen Kosten belaufen sich auf 5,05 Dollar. Legen Sie Ihre Stop-Loss-Grenze auf 5,05 Dollar fest. Damit kommen Sie schlimmstenfalls ohne Verlust weg. Hurra! Der Silberpreis steigt auf 5,25 Dollar. Jetzt kassieren Sie schon einen Gewinn in Höhe von 20 Cent pro Unze (2000 Dollar). Kaufen Sie einen dritten Kontrakt. Ihre Kosten betragen nun 5,11 Dollar. Erhöhen Sie Ihre Verlustgrenze auf 5,15 Dollar. Ihnen ist damit ein Gewinn von vier Cent (1200 Dollar) sicher. Lassen Sie dem Kontrakt Spielraum zur Entfaltung, ohne Sie auszustoppen.

Nehmen wir nun an, der Silberpreis steigt auf 5,50 Dollar. Sie verkaufen. Fünfzig Cent auf 15 000 Unzen bedeuten einen Gewinn von 7500 Dollar.

Nun ist die reale Welt auf längere Sicht gesehen nicht ganz so perfekt, aber Sie haben eine gewisse Vorstellung bekommen, wie das läuft. Sie eröffnen eine Position und strecken zunächst vorsichtig die Fußspitze ins kalte Wasser. Wenn Ihnen das bekommt, wagen Sie sich tiefer hinein und kaufen ein wenig mehr, schützen sich aber durch Festlegung einer Verlustgrenze, weil Sie ein höheres Risiko eingehen: einen höheren Preis und eine aufgestockte Position. Sie decken sich mit einem starken Papier ein, gehen mit dem Trend, setzen auf einen Gewinner. Das nenne ich soliden Börsenhandel.

Wenn Sie eine bestimmte Aktie besitzen möchten und eine Position mit 2000 Aktien anstreben, sollten Sie nicht alle 2000 auf einmal erwerben. Kaufen Sie erst mal 500 (stecken Sie den großen Zeh ins Wasser). Wenn die Aktie steigt, kaufen Sie weitere 500 (das Wasser reicht Ihnen nun bis zur Hüfte). Steigt die Aktie weiter, kaufen Sie nochmals 500 (nun steht Ihnen das Wasser schon fast bis zum Hals). Und dann kaufen Sie die letzten 500 (tief Luft holen!).

Ganz recht. Ihre Durchschnittskosten sind höher, als wenn Sie die 2000 Aktien gleich auf einmal erstanden hätten. Aber Sie würden staunen, wie viele Male Sie mit Ihrem großen Zeh im Wasser paddeln und mit Ihrem Sandeimerchen in der Hand sanfte Wellen produzieren. Plötzlich fällt Ihnen etwas ins Auge: Ihnen bleibt gerade noch Zeit, sich über einen gnädigen Schmerz zu wundern – und eine steile, messerscharfe Flosse lautlos das Gewässer durchschneiden zu sehen.

Ein Wort zu den Gewinnern von gestern

Kaufen Sie gegen den Markttrend. Bill Patalon und ich haben ein ganzes Buch darüber geschrieben (*Contrarian Investing*, deutsche Übersetzung: *Antizyklisch Investieren. Gewinne gegen den Strom*). Ich könnte mich also lang und breit über dieses Thema auslassen, will mich aber auf das Wesentliche beschränken.

Es gibt Situationen, in denen die überwiegende Mehrheit der Anleger einen bestimmten Sachverhalt als wahr anzusehen scheint. Um nun festzustellen, ob Kontra-Investment angezeigt ist oder nicht, müssen Sie zunächst einmal herausfinden, inwieweit die beobachtete Anlegermeinung tatsächlich Allgemeingut ist.

Reden die Leute ständig von ein und derselben Sache, wo immer Sie hinkommen? Überlegen wir einmal, was das zu bedeuten hat. Dabei ist von folgender begründeter Annahme auszugehen: Wenn alle einen bestimmten Sachverhalt für wahr halten, verhalten sich vermutlich alle in gleicher Weise. Wenn sich nun alle in gleicher Weise verhalten, besteht kein zusätzlicher Anlass mehr, die Sache noch weiter in dieselbe Richtung (rauf oder runter) zu treiben. Und da nun kein zusätzlicher Anlass für die Fortdauer des Trends gegeben ist, führt der Weg des geringsten Widerstands in die andere Richtung, denn es würde einen erheblichen Einsatz bedeuten, wollte man die derzeitige Entwicklung weiter unterstützen.

Sofern Ihr erklärtes Ziel darin besteht, niedrig zu kaufen und hoch zu verkaufen, versteht sich eigentlich von selbst, dass populäre Investmentprojekte für Sie nicht infrage kommen. Wenn Sie populäre Werte kaufen, ist der Preis bereits gestiegen: Sie können nichts anderes tun, als hoch einzusteigen und noch höher wieder auszusteigen.

Wer bei niedrigem Kursniveau kaufen will, muss nach vernachlässigten und unpopulären Werten Ausschau halten. Ein solcher Anleger muss gegen den Strom herkömmlicher Meinungen und populärer Auffassungen schwimmen und geduldig abwarten, bis ihm die Ereignisse Recht geben.

Also beginnen Sie mit den Gewinnern von gestern. Nicht gestern im Sinne des Vortags verstanden, sondern gestern im historischen Kontext. Wenn Sie ein Blue-Chip-Großunternehmen abgewirtschaftet vorfinden, wenn Sie auf eine nahezu universell negative Meinung stoßen, wenn Sie feststellen, dass Investoren in Scharen ausgestiegen sind und nunmehr das Unternehmen für uninteressant halten – nun, dann sollten *Sie* Interesse entwickeln. Und wenn dann noch Kommentare vom „toten Kapital" zu vernehmen sind, haben Sie unter Umständen eine Perle aus dem Modder gefischt!

Über die Zeit gesehen werden Sie mit dem Erwerb überbezahlter Aktien-, Rohstoff- oder Fondswerte nicht viel Geld verdienen. Sie müssen sich schon Schnäppchen angeln – Schnäppchen mit den Gewinnern von gestern. Irgendwelche Umstände haben sie einst zu Gewinnern gemacht, und wenn die nicht gerade ausgesprochen vergänglicher Natur waren, werden sie wiederkehren; und Sie wollen doch mit Ihrem Engagement vor Ort sein, *bevor* das eintritt!

Nach einem Abschwung die Früh-
starter kaufen

Nichts vermag Ihnen die besten Investmentobjekte deutlicher zu präsentieren als eine Trendwende. Gute Geldanlagen erholen sich schnell, während schlechte weiter vor sich hin dümpeln. Bei einem Marktabschwung sinken so gut wie alle Werte – gute, schlechte und hässliche gleichermaßen. Erstaunlich wenige Aktien sind von diesem Abwärtstrend ausgenommen. Kurseinbrüche gelten als nahezu universelles Phänomen, so wie auch ausgeprägte Bullenmärkte in aller Regel von universeller Güte sind.

Doch sobald sich der Markt von seinem Abschwung zu erholen beginnt, geben die besten Aktien die Richtung vor und steigen als Erste. Ich möchte wetten, dass dies nur deshalb geschieht, weil die Anleger, nach einem leidvollen Abschwung noch verängstigt und übervorsichtig, nur in solche Aktien zu investieren bereit sind, die ihrer Meinung nach einem weiteren Abschwung standhalten können. Sie halten Ausschau nach qualitativ hochwertigen liquiden Positionen mit guten Zukunftsaussichten. Bei einem Markttief mangelt es den Investoren an jenem spekulativen Draufgängertum, das sie zur Auswahl von Aktien fragwürdiger Qualität verleitet – *das* kommt später.

Wenn Sie nach einem Marktabschwung investieren wollen, sollten Sie sich an die Frühstarter halten. Zögern Sie nicht, nur weil Sie vielleicht nicht mehr zum allertiefsten Kurs reinkommen. Denn wenn Sie zu lange warten, entgehen Ihnen die leichten Gewinne, die am Boden mitzunehmen sind. Starke Aktien steigen gewöhnlich als Erste und fallen als Letzte. Das sollten Sie gewinnbringend nutzen.

Anleger zahlen Aufschläge für Liquidität – bis diese austrocknet

Vielen Investoren ist im Unterbewusstsein klar, dass ihre Bereitschaft, zuweilen horrende Preise für Aktien zu zahlen, ganz wesentlich auf ihre Annahme zurückzuführen ist, jederzeit wieder aussteigen zu können. Anders gesagt: Sie wissen vielleicht, dass die Aktie überbewertet ist, aber sie gehen davon aus, dass sie diese gegebenenfalls zu einem vernünftigen Preis schnell wieder abstoßen können.

Gerade diese Illusion von Liquidität kann dem arglosen Anleger zum Verhängnis werden. Liquidität existiert schlicht und einfach, weil es ein hinreichendes Angebot an motivierten Käufern und Verkäufern gibt, die mehr oder weniger um dieselben Preisniveaus kreisen. Nur dieses hohe Maß an Käufer-Verkäufer-Interaktion gewährleistet Liquidität. Liquidität – die Möglichkeit, ohne größere Preiseinbrüche ein- und aussteigen zu können – existiert nur im Geldbeutel transaktionsfreudiger Börsianer.

Doch wie bei Motten, die von der Flamme angezogen werden, breitet sich schnell Orientierungslosigkeit aus, wenn die Kerze ausgeblasen wird. Sobald ein Sturm guter oder schlechter Nachrichten die Aktie erfasst, wirft er die relativ ausgewogene Käufer-Verkäufer-Motivation aus dem Gleichgewicht und führt zu Preisverwerfungen. In Abwesenheit einer motivierten und im Großen und Ganzen gleichgewichtigen Population von Käufern und Verkäufern muss der Preis auf ein Niveau ansteigen, auf dem sich erneut ein Gleichgewicht einpendelt. Doch dieser Prozess kann atemberaubend sein!

Das müssen Sie bedenken, wann immer Sie kaufen oder verkaufen. Die Liquidität, die Sie brauchen, mag heute gegeben sein, aber das ist absolut keine Garantie dafür, dass Sie auch dann noch mit Liquidität rechnen können, wenn Sie Ihre Position schließen müssen. Würden die Anleger dieses Faktum gewissenhafter berücksichtigen, insistierten sie vielleicht auf einem Preisabschlag für eine möglicherweise negative Liquiditätsentwicklung, um auf diese Weise einen Teil der Katastrophen, die wir beobachten und nur zu oft am eigenen Leib erfahren, abfangen zu können.

Hin und her macht Taschen leer

Im Allgemeinen führt eine hohe Transaktionsrate zu niedrigeren Renditen, wenngleich dies nicht immer zutreffen muss. Es gibt Spekulanten, die den negativen Effekt häufiger Käufe und Verkäufe zu überwinden verstehen, aber die sind deutlich in der Minderzahl. Gewöhnlich wirkt sich ein hohes Transaktionsvolumen nachteilig auf die Renditen der Geldanleger aus. Eine kleine Rechenübung dürfte Sie schnell davon überzeugen.

Bei einer Kauf- oder Verkaufstransaktion fallen drei Kostenarten an: Provisionen, Handelsspannen und Steuerabgaben. Wir wollen uns diese drei Kostenfaktoren näher ansehen und ihren Effekt auf ein Portfolio erörtern.

Nehmen wir mal an, Sie haben mit Erfolg und zeitlich gut abgestimmt Geschäfte mit ABC-Dingsda-Aktien gemacht. Die Unsicherheit bezüglich des neuen Biotech-Produkts des Unternehmens hat zu einer großen Spanne zwischen Geld- und Briefkursen geführt – je nach Tendenz der neuesten Nachrichten: mehr Bulle oder mehr Bär? Sie haben aus Ihrem Fondsvermögen in Höhe von 100 000 Dollar ABC-Dingsda-Aktien im Gesamtwert von 300 000 Dollar gekauft und verkauft, bei einer Transaktionsrate von 300 Prozent. Mit welchen Renditen können Sie rechnen und welche Kosten fallen an?

Bei einem angenommenen Durchschnittskurs von 10 Dollar pro Aktie haben Sie 30 000 Aktien gekauft und verkauft. Damit haben Sie ein Transaktionsvolumen von 60 000 Aktien: Sie haben 30 000 Anteile gekauft und 30 000 Anteile verkauft. Wenn wir nun eine durchschnittliche Transaktion mit 10 000 Dollar ansetzen, haben Sie 60 ABC-Dingsda-Transaktionen bei einer durchschnittlichen Provision von 8 Dollar pro Geschäft abgewickelt. Also sind Ihnen Provisionskosten in Höhe von 480 Dollar entstanden.

Hinzu kommt, dass Sie im Allgemeinen bei Ihren Kauftransaktionen den Angebotskurs (Briefkurs) bezahlt, bei Verkaufstransaktionen hingegen nur den Rücknahmekurs (Geldkurs) erhalten haben. Da es sich bei der ABC-Dingsda-Aktie um einen recht aktiven, aber äußerst schwankungsanfälligen Wert handelt, betrug die Handelsspanne durchweg 10 Cent je Aktie: Geldkurs 10 Dollar, Briefkurs 10,10 Dollar.

Bei 60 000 Aktien sind Ihnen infolge der Handelsspanne Kosten in Höhe von rund 6000 Dollar entstanden, denn sobald Sie zum Briefkurs von 10,10 Dollar kaufen, muss die Aktie um 10 Cent steigen (Geldkurs 10,10, Briefkurs 10,20), wenn Sie plus minus null abschneiden wollen. Ihre Transaktionskosten infolge der Handelsspanne belaufen sich also auf 6000 Dollar.

Nun bekommen Sie es noch mit Vater Staat zu tun. Für jeden Geschäftsabschluss verlangt er von Ihnen 40 Prozent. Da Sie auf kurzfristiger Basis agieren, müssen Sie jedes Transaktionsgeschäft normal versteuern.

Wie muss nun Ihr Bruttogewinn aussehen, wenn Sie einen Nettogewinn in Höhe von 10 Prozent Ihres Kapitaleinsatzes erzielen wollen? Sie haben zunächst einmal Provisionskosten von 480 Dollar und Handelsspannenkosten von 6000 Dollar zu berücksichtigen. Um auch nur kostendeckend zu arbeiten, müssen Sie 6480 Dollar verdienen. Um aber 10 000 Dollar kassieren zu können, müssen Sie schon 16 667 Dollar verdienen, um nach Abzug der Steuern auf Ihre 10 Prozent (10 000 Dollar) zu kommen.

Insgesamt sieht die Rechnung so aus:

$ 16 667	Vorsteuergewinn bei einem Netto-gewinn von $ 10 000
$ 6 000	Kosten infolge Handelsspanne
$ 480	Provisionskosten
$ 23 147	erforderlicher Bruttogewinn, wenn nach Abzug der Steuern ein Netto-gewinn von 10 % bleiben soll

Mit anderen Worten: Sie müssen mit Ihren Transaktionen eine Bruttorendite von 23,1 Prozent erwirtschaften, wenn Sie netto 10 Prozent kassieren wollen. Dabei haben wir nicht einmal Ihre Arbeit und die Unkosten für Informationsschreiben, Computer, Software und/oder Betriebsprogramme in Rechnung gestellt.

Wenn Sie stattdessen ABC-Dingsda-Aktien nur ge-kauft und 366 Tage gehalten hätten, wäre ein Bruttoge-winn von 13 766 Dollar (etwas mehr als die Hälfte der oben genannten Summe) ausreichend gewesen, um denselben prozentualen Nettogewinn zu erzielen:

$ 12 500	Vorsteuergewinn bei einem Netto-gewinn von $ 10 000 (Steuersatz bei langfristiger Kapitalanlage 20 %)
$ 1 250	Kosten infolge Handelsspanne
$ 16	Provisionskosten
$ 13 766	erforderlicher Bruttogewinn, wenn nach Abzug der Steuern ein Netto-gewinn von 10 % bleiben soll

Sie sehen also, warum Warren Buffett es vorzieht, Werte zu kaufen und auf lange Zeit zu halten – und warum es so schwer ist, mit Handelsgeschäften Geld zu verdienen. Gegen das Börsen-Einmaleins kommt keiner an. Und weil die Rechnung so eindeutig ist, meine ich, dass Leute, die Börsenhandel betreiben, dies nicht um des Geldes willen tun. Es mag ein unterhaltsames, vielleicht auch aufregendes Spiel sein, aber wenn Sie auf Gewinnmaximierung aus sind, sollten Sie kaufen und halten!

Gleiche Chancen für alle

Eines meiner Lieblingsmodelle für die Bewertung einer Aktie ist das dynamische KGV. Man ermittelt diese Kennzahl auf der Basis von Kurs (K), Gewinn (G) und Wachstumsrate, indem man das Kurs-Gewinn-Verhältnis der Aktie durch ihre Wachstumsrate dividiert.

Dazu ein Beispiel: Die Aktie XYZ wird zum Kurs von 20 Dollar verkauft und soll in diesem Jahr 1 Dollar Gewinn pro Aktie abwerfen. Der Unternehmensgewinn hat sich um eine Wachstumsrate von 40 Prozent im Jahr erhöht. Das Kurs-Gewinn-Verhältnis ist 20 (20 Dollar dividiert durch 1 Dollar). Und das dynamische KGV beträgt 0,5 (20 dividiert durch 40). Wenn nun die Aktie auf 80 Dollar steigt, hat sich das dynamische KGV auf 2 erhöht (80 dividiert durch 40). Aufgepasst: Sie dividieren nicht durch 0,40, sondern durch 40.

Liegt das dynamische KGV um 1 oder darunter, ist die Aktie im Hinblick auf ihre Wachstumsrate vernünftig beurteilt. Mit steigendem dynamischem KGV wird die Bewertung ungünstiger. Meine Faustregel lautet: Ich kaufe ungern Aktien, bei denen das dynamische KGV über 1 hinausgeht; und wenn ich eine Aktie besitze, deren dynamisches KGV höher als 2 liegt, überlege ich, ob ich sie nicht besser abstoße.

Das Schöne an dieser Kennzahl ist, dass Sie beim Vergleich von drei zum Kauf anstehenden Aktien einen Maßstab haben, anhand dessen Sie auf gleicher Basis beurteilen können, wie teuer eine Aktie ist.

In der Regel sollten Sie ein Papier nur dann kaufen, wenn sein dynamisches KGV unter der Wachstumsrate liegt.

Gerüchte machen Kurse – bis die Katze aus dem Sack ist

Dieser alte Wall-Street-Spruch wird nicht von ungefähr so häufig zitiert: Meistens ist er nämlich wahr.

Wir geben es nur ungern zu, aber es ist doch so: Gute wie schlechte Nachrichten sickern durch zum Markt. Nicht immer, aber doch in aller Regel, davon darf man wohl ausgehen, erfolgt eine Kursbewegung im Vorgriff auf irgendein bevorstehendes Ereignis, sodass die Nachricht von demselben die Kursbewegung sodann bestätigt. Oft wird die aktuelle Ankündigung mit einer Kursbewegung in die der eigentlichen Nachricht entgegengesetzte Richtung begrüßt. Die ABC-Dingsda-Aktie könnte beispielsweise ohne einen erkennbaren Grund von 22 Dollar auf 28 Dollar steigen. Dann kündigt das Unternehmen ein neues fortschrittliches Biotech-Produkt an, das den Umsatz um 50 Prozent erhöhen wird (der Konkurrent XYZ-Dideldum hat ein solches Produkt nicht im Angebot), und die Aktie wird zum Kurs von 26 Dollar abgestoßen – die Käufer haben das Nachsehen.

Wenn die Leute irgendeine Nachricht erfahren und darauf reagieren, sind sie oft zu spät dran. Die Information ist längst durchgesickert – der Markt hat die Wahrheit herausgeschnüffelt. Bis das in Ihrer Morgenzeitung steht, ist die Kursbewegung, zumindest größtenteils, bereits gelaufen.

Sie sollten also auf ein Gerücht hin nicht unbedingt kaufen, denn dabei könnten Sie schnell eine Menge Geld loswerden. Wenn Ihnen eine verlockende Ankündigung bezüglich einer Aktie oder einer anderen Geldanlage zu Ohren kommt und Sie sich durch die Nachricht zur Eröffnung einer Position emotional hingezogen fühlen, sollten Sie vielmehr eins tun: *die Finger davon lassen.* Werfen Sie einen Blick auf ein Drei-Monats-Chart: Könnte es sein, dass sich der Kurs bereits in

Richtung Nachricht bewegt hat? In einem solchen Fall dürfte der Vorteil, nach dem Sie Ausschau halten, aller Wahrscheinlichkeit nach längst eingepreist sein. Wenn Sie dann immer noch am Kauf der Aktie interessiert sind, sollten Sie die ersten drei Tage nach Verlautbarung der Nachricht abwarten. Bis dahin hat sich der Aktienkurs nämlich auf die neue Entwicklung eingependelt und Sie können entscheiden, ob Sie die Aktie wirklich kaufen wollen oder nicht.

In der Praxis bedeutet dies, dass die ABC-Dingsda-Aktie auf die Nachricht hin *manchmal* von 28 Dollar auf 32 Dollar steigt und kurz darauf weiter auf 38 Dollar klettert. Das geschieht aber nur, wenn Sie sich einstweilen gedulden (und *nicht* kaufen). Das erste Gallea'sche Gesetz besagt nämlich, dass die Aktie steigt, wenn Sie abwarten, und dass sie fällt, wenn Sie kaufen. Doch in aller Regel sollten Sie sich derart hoch ausgereizte Käufe ersparen, die Ihnen nur Verluste einbringen und keinerlei Möglichkeit einer Wertsteigerung bieten.

Einsteigen kann jeder

Man sollte meinen, Eröffnen und Schließen einer Position seien zwei Seiten ein und derselben Medaille. Gleiche Provisionen, dieselbe Position, derselbe Markt. Aber so scheint das nicht zu funktionieren. Meiner Erfahrung nach ist die Beendigung einer Finanzposition ein dreimal so schwieriges Unterfangen wie die Eröffnung einer solchen. Dafür sind verschiedene Gründe zu nennen.

Erstens können Sie immer davon ausgehen, dass irgendjemand bereit ist, Ihnen seine Habe zu verkaufen; umgekehrt können Sie sich jedoch nicht darauf verlassen, dass Ihnen immer irgendjemand *Ihren* Besitz abkaufen will. Und je dringlicher Sie aus einer Geldanlage aussteigen wollen, desto schwerer macht es Ihnen der Markt. Ganz besonders trifft dies auf Paniksituationen zu, wenn Liquidität am Markt mit einem Aufschlag belegt wird. Sie wollen Ihren Teil vom Cash-Kuchen kassieren? Mister Market will Ihnen im Gegenzug möglichst viele Aktien oder Einheiten oder was auch immer aus Ihrem Vermögen abluchsen. Deshalb handelt er den Preis herunter und erschwert Ihnen das Geschäft.

Zweitens ist die Entscheidung, eine Position zu schließen, immer schwieriger als die Entscheidung zugunsten einer Positionseröffnung. Ob Sie nun kaufen, um eine Short-Position zu schließen, oder verkaufen, um eine Long-Position zu schließen – immer bedeutet der Entschluss zur Beendigung einer Position, dass man einen Fehler gemacht hat oder die Aussichten auf weiteren Gewinn eher trübe sind. Wer einen solchen Entschluss fasst, tut sich schwerer, als wenn er sich lediglich für den Kauf einer als wertvoll beurteilten Anlage entscheidet. Der Kauf einer von ihrem 80-Dollar-Hoch abgestürzten Aktie zum Kurs von 25 Dollar fällt leicht, aber wenn die Aktie dann wieder auf 40 Dollar steigt, dürfte es recht schwierig sein zu entscheiden, ob dieser 40-Dollar-Kurs ein neuer Spitzenwert ist und die Aktie in einem solchen Fall besser verkauft werden sollte. Sie sind auf ein und denselben Bezugspunkt von 80 Dollar fixiert, ob Sie nun kaufen oder verkaufen. Aber auf der Verkaufsseite tun Sie sich schwerer.

Drittens bedeutet eine gute Ausstiegstechnik, dass Sie im Alleingang taktieren und der Masse der Anleger voraus sein müssen. Wenn Sie so lange warten, bis Ihnen die Masse die Schließung einer Position nahe legt, ist der Kurs entweder schon gestiegen (wenn Sie kaufen wollen) oder gefallen (wenn Sie verkaufen wollen). Natürlich wollen Sie Ihre Position schließen, bevor alle anderen dahinter kommen, was Sie schon längst erkannt haben, aber das bedeutet eben auch einsame Entschlüsse und Alleingang. Und das ist nicht einfach.

Dennoch: Die meisten Anleger verschwenden bei der Eröffnung einer Finanzposition kaum einen Gedanken an einen späteren Ausstieg. Deshalb sollten Sie sich angewöhnen, Ausstiegsüberlegungen gleich in Ihre Strategie einzubauen: Da die Schließung einer Finanzposition so viel problematischer ist als die Eröffnung, sollten Sie mindestens zweimal nachdenken, bevor Sie etwas kaufen, was Ihnen schon beim Einstieg bizarre, gehirnmarternde Torsionen abverlangt. Wenn Sie sich schon bei der Eröffnung einer Position abstrampeln müssen, sollten Sie erst recht an den Mount Everest denken, der vor Ihnen aufragt, wenn Sie später wieder aussteigen wollen.

5

Gier

Gierig macht nicht satt

Die Bäume wachsen nicht in den Himmel

Ich habe nicht vor, aus diesem Buch ein Gartenjournal zu machen. Ich möchte lediglich damit sagen, dass hervorragende Aktien nicht für alle Ewigkeit hervorragend bleiben. Wann haben Sie das letzte Mal etwas von Packard Motors gehört? General Electric ist das einzige Unternehmen aus der ursprünglichen Liste des Dow Jones Industrial Average, das heute noch zum Index zählt.

Aktien als die Vertreter der ihnen zugrunde liegenden Unternehmen sind meist zyklischer Natur. Es geht bergauf mit ihnen, wenn das Unternehmen zum Höhenflug ansetzt. Und wenn dem Unternehmen die Luft knapp wird, geht es mit den Aktien bergab. Eine Direktverbindung zum Himmel gibt es nicht. Aktien, so könnte man sagen, fahren eher Achterbahn.

Sollten Sie sich das nächste Mal in eine Aktie verlieben und meinen, sie steige geradewegs in den Himmel, denken Sie daran: Wenn die Berg-und-Tal-Bahn einen schier unglaublichen Aufstieg bewältigt hat, stürzt sie jäh hinunter in schreckliche, scheinbar bodenlose Tiefen.

Wie gewonnen, so zerronnen

Gier mag gut und schön sein, aber sogar der verruchte Spekulant Gordon Gekko im Film *Wall Street* hatte begriffen, dass es Zeiten gibt, zu denen man besser ein paar Gewinne mitnimmt und umgehend das Weite sucht. Ganz besonders trifft dies zu, wenn Sie einen riesigen, unerwarteten Gewinn in sehr kurzer Zeit kassieren können (sagen wir 80 Prozent binnen eines Monats).

Beim Kauf einer Aktie haben die meisten von uns eine allgemeine Renditevorstellung. Wir haben ein ungefähres Kursziel vor Augen und eine gewisse Erwartungshaltung, wann dieses Ziel erreicht sein könnte. Wenn sich beispielsweise die Erträge eines Unternehmens durchschnittlich um 15 Prozent im Jahr erhöhen und der Kurs der Aktie mit dem Ertragszuwachs Schritt hält, müsste der Aktienkurs in weniger als fünf Jahren auf das Doppelte gestiegen sein.

Wenn Sie also eine Aktie dieser Art für 50 Dollar pro Stück kaufen (nehmen wir mal an, es handelt sich um ein pharmazeutisches Unternehmen), erwarten Sie, dass sich der Kurs innerhalb von fünf Jahren auf 100 Dollar verdoppelt. Nehmen wir nun weiter an, dass wenige Monate danach die Übernahme eines anderen Pharmabetriebs einen fast hysterischen Heißhunger auf Pharmawerte auslöst und Ihre Aktie auf 88 Dollar treibt. Was Sie in einem solchen Fall tun sollten? Sie sollten Ihre Aktien schleunigst verkaufen.

Sicher, ich weiß, Sie hatten sich 100 Dollar zum Ziel gesetzt. Das spielt jetzt aber keine Rolle. Der Markt hat Ihnen soeben ein reizendes Präsent überreicht. Seien Sie nicht unhöflich. Nehmen Sie es an.

Verzocken Sie nicht Ihr letztes Hemd

Bei einem absoluten Tief zu kaufen und bei einem absoluten Hoch zu verkaufen ist schier unmöglich. Sollten Sie jemals in der glücklichen Lage sein, solches dennoch tun zu können, und sich dann noch einbilden, dies sei Ihrer Geschicklichkeit und überdurchschnittlichen Kompetenz zu verdanken oder Ihr hübsch geordnetes kleines Handelssystem habe soeben die erhabene Vollkommenheit des Nirwana erreicht: STOPP! Keinen Schritt weiter! Sie gefährden sich und andere!

Eine der frustrierendsten Erfahrungen für Geldanleger ist die Verfolgung einer Aktie mit der Absicht, sie irgendwann zu kaufen. Bevor der nötige Mut gefasst ist, verändert sich der Kurs. Das passiert Profis immerzu. Im Jahr 2000 fiel mir die Waste Management (WMI) ins Auge. Als einem, der gern im Trüben fischt, gefiel mir die Aktie, die es von einem 60-Dollar-Hoch in die Tiefe verschlagen hatte und die nun bei schlappen 14 Dollar vor sich hin schmachtete. Ein Großteil der im Unternehmen entstandenen Probleme hatte etwas mit einem defekten Computersystem zu tun (fast immer ein einmaliges, behebbares Problem), aber mit einem neuen CEO versprach die Sache interessant zu werden.

VERDAMMT! Bevor ich die Aktie kaufen konnte, gab das Unternehmen Gewinne bekannt, die noch die übereinstimmenden Schätzungen übertrafen; die Aktie stieg um 3 Dollar auf 17 Dollar. Sei's drum, sagte ich mir, ich will, dass die Aktie erst wieder auf 14 Dollar zurückfällt, damit ich sie dann kaufen kann.

Daran sollten Sie sich gewöhnen. Sie werden beim Verkaufen nie den Höchstwert erwischen, und wenn Sie kaufen wollen, werden Sie auch in trüben Gewässern nicht unmittelbar am Boden fischen. Das Beste, das Sie tun können, ist dies: Kaufen Sie innerhalb der Bandbreite angemessener Werte und verkaufen Sie innerhalb einer

Bandbreite, in der die Aktie unangemessen bewertet ist – nämlich dann, wenn der volle Wert im Kurs erfasst ist.

Waste Management? Ein kalter Schauer brachte mich zur Vernunft und ich kaufte die Aktie bei 16 $^3/_8$ Dollar. Später stieß ich sie bei 24 Dollar wieder ab und im weiteren Verlauf erreichte sie sogar knapp 30 Dollar.

Gewinnen kann man, verlieren muss man

Zumindest sollten Sie eine Verlustgrenze festlegen, die Ihnen bei einer Gewinnaktie einen gewissen Profit sichert. Gewinne sind am Markt ohnehin schwer genug zu erzielen. Sollte Ihnen das gelungen sein, dürfen Sie einfach nicht zulassen, dass sich Ihr Gewinn in einen Verlust umkehrt.

Anlegern passiert das schlichtweg deshalb, weil sie sich von der Gier blenden lassen. Sie wollen sich nicht mit einem bescheidenen Gewinn zufrieden geben und halten zu lange an der Aktie fest, oft genug unter ganz offensichtlich schlechter werdenden Fundamentalbedingungen – so lange, bis es schließlich zu spät ist.

Selbst wenn Sie nur einen Gewinn von 10 US-Cent pro Aktie haben, sollten sie den mitnehmen. Machen Sie es sich zur Gewohnheit, niemals so lange zu warten, bis sich ein Gewinn in einen Verlust umkehrt. Ein solcher Verlust ist nicht nur Ihrem Portfolio abträglich, sondern kann auch verheerende Auswirkungen auf Ihre psychische Verfassung haben.

Bullen machen Geld, Bären machen Geld ... und Schafe enden auf dem Schafott

Sie nicken, aber, so fragen Sie, wie steht es mit Katzen und Hunden? Und Salamandern? Und Lurchen? Unser Investment-Erbgut kennt keine Metapher für Salamander und Lurche, aber das Lexikon ist voller Anspielungen auf Bullen und Bären und Schafe.

Jeder weiß, dass ein Geldanleger, der generell als Bulle am Markt agiert, zu Geld kommen kann. In den vergangenen 125 Jahren ist eine allgemein steigende Tendenz bei den Aktienkursen zu beobachten – und so lange, wie sich die Vereinigten Staaten und die Welt insgesamt wirtschaftlich weiterentwickeln, dürfte dieser Trend anhalten. Auch wenn Sie nicht Warren Buffett heißen und nicht alle Ihrer Aktien handverlesene Perlen sind – der generelle Aufschwung wird Sie des Öfteren aus einer misslichen Lage herausreißen.

Umgekehrt können auch Bären zu Geld kommen. Ein waschechter Permabär schwimmt gewöhnlich stromaufwärts gegen einen steigenden Markt, aber den guten (recht selten und vereinzelt anzutreffenden) Exemplaren gelingt es dennoch, Aktienwerte zu erwischen, die sich auf Talfahrt befinden, um daraus Kapital zu schlagen.

Innerhalb des Geheges von Bullen und Bären gibt es noch alle möglichen Varianten dieser Spezies. Einige kommen zu ihrem Geld, indem sie Charts lesen; andere bedienen sich der Astrologie (kein Scherz!) und wieder andere analysieren Bilanzen, Gewinn-und-Verlust-Rechnungen und Ergebnisberichte, um die zukünftige Entwicklung zu erahnen. Wiederum – wer gut ist, von welcher Sorte auch immer, macht Geld.

Die Schafe aber, die enden auf dem Schafott. Das sind Anleger, die typischerweise ihr ganzes Geld in eine einzige Position investieren und in lammfrommer Gier darauf warten, ins Trockene gebracht zu werden. Solche Anleger haben voll in eine Rohstoffposition investiert, sehen, wie sich der Kontrakt zu ihren Gunsten entwickelt, und steigen wider jegliche Vernunft und Risikobedenken noch tiefer ein. Nicht sie sind es, die ihr Schäflein scheren – sie sind die Schafe, die mit Not leidender Regelmäßigkeit bluten müssen.

Am Markt Geld zu verdienen, richtiges Geld, ist eine lange, streckenweise mühselige Angelegenheit. Bei den meisten Versuchen schaffen Sie höchstens drei Yards und eine Riesenstaubwolke. Ab und zu gelingt Ihnen ein Spielzug von 10 oder 20 Yards und ganz, ganz selten mal ein wirklich weiter Pass. Aber mit einem Volltreffer – *Halleluja!* – können Sie kaum rechnen. Und sollte dies doch der Fall sein, führt es Sie gewöhnlich in den Ruin – Sie Schaf, das Sie sind, wenn Sie sich so voll und ganz auf eine einzige Kaufposition eingeschossen haben! Ihre Geldgier lastet schwer auf Ihren Schultern. Sie werfen das Ei 60 Yards nach vorn, wo Mister Market Ihren Pass abfängt, fröhlich an Ihnen vorbeizieht und den Ball in Ihre Endzone trägt.

Seien Sie kein Schaf. Seien Sie Bulle. Seien Sie Bär, wenn es sein muss. Nur kein Schaf.

6

Zinsen

Auch Kleinvieh macht Mist

Pokern Sie nie gegen die Notenbank

Momentumorientierte Anleger sind Marktteilnehmer, die steigende Aktien kaufen, weil sie meinen, dass die auch weiterhin zulegen werden. Anders gesagt: Sie gehen davon aus, dass ein in Bewegung geratener Körper in Bewegung bleibt. Da mag etwas Richtiges dran sein, aber bedenken Sie, dass ein in Bewegung befindlicher Körper in den meisten Fällen irgendwann auf ein Hindernis trifft. Und am US-amerikanischen Markt ist dieses Hindernis ein aus Granit und Marmor errichtetes Gebäude – die Federal Reserve.

Die Fed wurde im Jahr 1913 ins Leben gerufen, um die Geldmenge der Vereinigten Staaten und damit die Geldpolitik zu steuern. Aufgabe der Notenbank ist, Inflation und Rezession entgegenzuwirken. Deshalb beschließt die Notenbank in schwierigen Zeiten Maßnahmen zur Erleichterung des Geldzugangs, während sie in guten Zeiten eingreift, um den damit verbundenen inflationären Tendenzen durch Verknappung des Geldangebots Einhalt zu gebieten und so die Nachfrage nach Gütern und Dienstleistungen zu drosseln.

Die Notenbank hat somit alle Karten in der Hand. Wenn Sie mit der Fed pokern, sollte Ihnen immer klar sein: Die Notenbank gibt die Karten aus, hält gleichzeitig Fullhouse und hat Einblick in alle Karten, bevor sie diese austeilt. Wenn Sie schlau sind, spielen Sie nicht gegen die Fed. Alle sagen, der Notenbankchef sei ein mächtiger Mann. Wissen Sie was? Die Leute haben Recht. Konnten Sie jemals etwas erreichen, wenn Sie sehr mächtige Leute in ihrem eigenen Spiel schlagen wollten?

Sie sind doch nicht verrückt! Wenn die Notenbank die Zinsschraube lockert, haben Sie Rückenwind: Ihre Chancen für erfolgreiche Marktgeschäfte sind gestiegen. Zieht die Notenbank die Zinsschraube an, ist das nicht gerade ein ermutigendes Signal, sich weit aus dem Fenster zu lehnen. Denken Sie daran: Wenn Ihnen die Notenbank eine 7, eine Königin, eine 4, eine 10 und eine 2 gibt, werfen Sie einen Blick über den Tisch. Was sehen Sie dort? Ihr Gegenüber, der Notenbankchef, hält seine Karten dicht an die Brust gepresst und ein rätselhaftes Lächeln umspielt seine Lippen.

Und die Zinsen zählen doch

Je höher die Zinsen steigen, desto mehr verlieren Aktien an Attraktivität. Als das Fed-Direktorium im Verlauf der letzten Hightech-Manie die Zinsschraube verbissen immer fester zog, rezitierten leukotomiegeschädigte Investoren unermüdlich ein seltsames Mantra: „Zinsen zählen nicht. Aktien kaufen."

Seltsam deshalb, weil länger andauernde Anfälle von Zinserhöhungen seitens der Notenbank noch nie Aktienkurse in die Höhe getrieben haben – ausnahmslos. Wie wir im Jahr 2000 erlebt haben, ist dies für manche Leute offensichtlich schwer zu begreifen. Eigentlich ist der Zusammenhang gar nicht so schwierig – ab einem gewissen Punkt bieten sich die Zinssätze bei Anleihen so überzeugend an, dass Sie Ihre Aktien verkaufen und stattdessen Anleihen erwerben.

Wir wollen das an einem kleinen Quiz verdeutlichen:

1. Welches ist der niedrigste Zinssatz bei Schatzwechseln mit siebenjähriger Laufzeit, der Sie veranlassen würde, sämtliche Aktien zu verkaufen und jene Schatzwechsel zu kaufen?
2. Und welches ist der höchste Zinssatz bei denselben siebenjährigen Schatzwechseln, der Sie veranlassen würde, sämtliche Schatzwechsel zu verkaufen und Aktien zu kaufen?

Diese interessante kleine Übung soll Sie auf ein paar Dinge aufmerksam machen:

▲ Von einem gewissen Punkt an steigen die Zinsen hoch genug, dass Sie sich veranlasst sehen, Ihre ganzen Aktien zu verkaufen.

Lektion: Bei steigenden Zinsen sind mehr und mehr Anleger bereit, Aktien zu verkaufen und Anleihen zu kaufen.

▲ Von einem gewissen Punkt an fallen die Zinsen tief genug, dass Aktien wieder attraktiv für Sie werden.

Lektion: Bei fallenden Zinsen sind mehr und mehr Anleger bereit, Anleihen zu verkaufen und Aktien zu kaufen.

▲ Der Zinssatz, der Sie veranlasst, sämtliche Aktien zu verkaufen, ist immer höher als der Zinssatz, der Sie veranlasst, sämtliche Anleihen zu verkaufen.

Lektion: Bei steigenden Zinsen muss der Zinssatz, der Sie zum Verkauf Ihrer Aktien bewegt, höher sein als der Zinssatz, der Sie zum Verkauf Ihrer Anleihen veranlasst.

So könnten 10 Prozent für Sie die Grenze sein, bei der Sie alle Ihre Aktien verkaufen, während Ihnen, sagen wir, 7 Prozent reichen, um sich von Ihren Anleihen zu trennen. Bei steigenden Zinsen verlieren somit Aktien an Attraktivität – ein Warnsignal, dass Aktien schwierigen Zeiten entgegensehen könnten.

Versorger und Zinsen – zwei Seiten einer Medaille

Wenn die Zinsen steigen, tendieren Aktien von Versorgungsunternehmen nach unten. Versorgungswerte reagieren hypersensibel auf Zinssätze. Traditionsgemäß ist der Versorgerindex der erste der drei Dow-Jones-Aktienindizes, die den bevorstehenden Markttrend ankündigen, ob nach oben oder unten. Warum ist das so?

Versorgerindizes umfassten früher Elektrowerte. Im Lauf der Jahre hat sich dies etwas verändert, denn die Versorgungsunternehmen sind zunehmend über ihre traditionellen Steckdosengeschäfte hinausgewachsen. Heute stellen viele Versorgungskonzerne Konglomerate ganz unterschiedlicher (entweder akquirierter oder selbst gegründeter) Unternehmen dar, um sich durch Diversifikation aus ihrer Abhängigkeit von der Energiegewinnung zu lösen.

Dennoch kann man wohl mit Recht behaupten, dass Versorgungsunternehmen nach wie vor auf zwei grundsätzliche Markteinflüsse empfindlich reagieren: Zinsen und Energiepreise.

Versorgungsunternehmen müssen zur Finanzierung ihrer Investitionen in die technische Infrastruktur (Anlagenbau und Modernisierung von Gerätschaften) Kapital aufnehmen, und sie erwirtschaften mehr Geld, wenn die Energiepreise (die Kosten für Öl und Gas) fallen oder niedrig sind. In einer durch niedrige Zinssätze und niedrige Energiepreise geprägten Wirtschaftssituation können Versorgungsunternehmen maximale Gewinnspannen erzielen. Diese fetten Margen schlagen dann in steigenden Dividendenrenditen und steigenden Kursen der Versorgungswerte zu Buche.

Wenn die Zinsen anziehen und die Energiepreise infolge der hohen Nachfrage in einer auf vollen Touren laufenden Wirtschaft steigen, erkennen Anleger, die in

Versorgungswerte investiert haben, eine Schmälerung der Gewinnspannen und treiben die Kurse der Versorgungswerte schon dann nach unten, wenn die umfassenderen Marktindizes noch weiterhin nach oben tendieren.

Wenn Sie also beobachten, dass die Versorgerindizes absinken, sollten Sie insbesondere nach einem längeren Bullenlauf eins tun: stehen bleiben und in Deckung gehen. Auf dem Markt mag noch Bullenhitze herrschen, aber die Versorgungswerte könnten das Ende der Party signalisieren – und den Beginn eines Katers.

Invers, normal – nicht egal

Auf eine inverse Zinsstrukturkurve folgt häufig ein Marktabschwung. Wir wollen zunächst einmal erläutern, was das eigentlich ist: Wenn die Zinsstruktur einen umgekehrten Verlauf nimmt, liegen die kurzfristigen Zinssätze über den langfristigen. Zum Beispiel könnte ein Schatzwechsel mit zweijähriger Laufzeit zu 6,1 Prozent gehandelt werden, während ein zehnjähriger Langläufer nur 5,9 Prozent bringt. Diese Umkehrung der Zinsstrukturkurve wird gewöhnlich dadurch verursacht, dass die Notenbank die kurzfristigen Zinssätze heraufsetzt, um die Wirtschaft zu verlangsamen.

Eine Erhöhung der kurzfristigen Zinssätze verteuert die Kreditaufnahme, was sich an verschiedenen Stellen der Wirtschaft auswirkt. So dürften die Unternehmen marginale Erweiterungsprojekte in Anbetracht der höheren Geldbeschaffungskosten als unprofitabel ansehen und einstweilen davon Abstand nehmen. Der Privatverbraucher wird größere Anschaffungen auf Kredit verschieben. Autos und Wohnungen werden infolge der höheren Kosten teurer, sodass auch hier Anschaffungen zurückgesteckt werden.

All dies hat eine Verlangsamung der Wirtschaft zur Folge, was letztlich die Unternehmensgewinne schmälert. Diese Reduzierung der Unternehmensgewinne wird vom Aktienmarkt vorweggenommen. Wenn also die Notenbank die Zinsen erhöht, können manche Anleger nur schwer begreifen, warum die Aktien sinken, obgleich die Wirtschaft weiterhin boomt. Es ist wie bei einem Boxer, der einen mächtigen Schlag abbekommt, aber erst verspätet reagiert: Er kämpft noch einige Sekunden weiter, bevor er zu Boden geht.

Eine inverse Zinsstrukturkurve als Signal für eine Zinserhöhung seitens der Notenbank sollte nicht ignoriert werden. Im Allgemeinen sollten Sie Ihr Portfolio etwas abspecken. Wenn nämlich die Notenbank die

Schraube zu stark anzieht, kann es passieren, dass die Wirtschaft in eine Rezession gleitet und einen Bärenmarkt einläutet. Auch wenn es nicht zu einer Rezession kommen sollte – der Effekt der sich verlangsamenden Wirtschaft macht sich dennoch in den Aktienkursen bemerkbar.

Wenn sich eine Umkehrung der Zinsstruktur abzeichnet, ist Cash König. Und mit der Rückkehr zu einer eher normalen Zinsstrukturkurve erfolgt auch ein positiver Stimmungsumschwung am Aktienmarkt (besonders bei zinssensiblen Werten). Die aktuelle Zinsstrukturkurve wird täglich in der Kreditspalte des *Wall Street Journal* veröffentlicht. Ich sehe mir das Diagramm jeden Tag an. Es ruft mir den aktuellen Stand der Geld- und Währungspolitik in Erinnerung: Sobald sich die Kurve umkehrt, lasse ich bei neuen Aktienengagements besondere Vorsicht walten.

7

Märkte

Das Spiel aller Spiele

Sie müssen diese herrlich ineffizient-effizienten Märkte lieben

Unter Profis wird die Hypothese vom so genannten effizienten Markt heiß diskutiert. Viele Leute – allen voran akademisch geschulte Anleger – vertreten die Meinung, dass der Markt effizient ist und alle Informationen schon in den Kursen enthalten sind und daher der Besitz von Indexanlagen das einzig Wahre ist. Auch ich meine, dass die Märkte effizient sind – langfristig gesehen. Zugleich aber bin ich ein leidenschaftlicher Anhänger der Meinung, dass es kurzfristig Ineffizienzen oder auch Anomalien gibt, die ein Anleger gewinnbringend nutzen kann. Viele Studien belegen die These, dass der Markt bei Anwendung verschiedener Techniken (etwa Erwerb von Aktien mit niedrigem Kurs-Gewinn-Verhältnis oder niedrigem Kurs-Umsatz-Verhältnis, um nur zwei zu nennen) durchaus zu schlagen ist. Gerade durch Ausnutzen dieser Ineffizienzen kommt der Anleger letztlich zu Geld.

Schauen Sie den Profis auf die Finger

Da der Markt stets bemüht ist, mich zu verwirren und aus dem Rennen zu werfen, habe ich mir einen Trick zu Eigen gemacht, um mithalten zu können: Ich schaue den Profis auf die Finger.

Und wer sind diese Profis? Einige Namen werden Sie kennen. Den wertorientierten Anleger Warren Buffett. Superexperten wie Kirk Kerkorian. Perfekte professionelle Anleger wie Anleiheguru Bill Gross von PIMCO. Sie glauben gar nicht, wie oft diese Leute freimütige Kommentare zu den Märkten abgeben und Ihnen auf diese Weise Einblick in ihre Beobachtungen und Aktivitäten gewähren.

Ganz besonders aufpassen muss ich, wenn einer dieser Profis eine Marktmeinung vertritt, die ich für merkwürdig halte oder gar völlig ablehne. Ich glaube nämlich, dass diese Leute gescheiter sind als ich. Die haben das alles klug durchdacht. Deshalb sind sie ja auch so berühmt.

Wenn ich also meine, die Zinsen befänden sich in einem Aufwärtstrend, Bill Gross hingegen anderer Meinung ist, horche ich auf. Was sieht er, was ich nicht sehe? Wenn sich der Notenbankchef besorgt über inflationäre Entwicklungen äußert, ich davon aber nichts erkennen kann, sollte ich auf ihn hören – er sitzt am Hebel der Macht. Und wenn Kirk Kerkorian einen großen Anteil an einem Unternehmen erwirbt, sollte ich es ihm gleichtun, einmal mehr, wenn das auch in meinen Augen nicht gänzlich unvernünftig ist.

Wissen Sie, Profis wie diese haben sich als erfolgreiche Investoren bewährt. Die Ereignisse haben ihnen und ihren Markturteilen immer wieder Recht gegeben. Wenn ich also wieder mal marktverunsichert bin oder schlichtweg ein Unbehagen verspüre, betreibe ich ein wenig Marktanalyse. Was sagt Warren Buffett zu den Aktienkursen? Wie schätzt Bill Gross die Zinsentwicklung ein? Was kauft Kirk Kerkorian zurzeit?

Diese Profileute bringen Licht in manchen für mich dunklen Gang und weisen mir den Weg.

Der Markt hat seinen eigenen Kopf

Investoren tappen leicht in eine Falle: Sie meinen, sie hätten mit aller Sorgfalt eine Marktprognose ausgetüftelt und der Markt werde sich nun dementsprechend verhalten. Und wenn dann der Markt von dieser Prognose abweicht, verstehen sie sich meisterhaft darauf, ihre Meinung zurechtzubiegen und mit den aktuellen Geschehnissen in Einklang zu bringen.

Je stärker der Markt abweicht, desto mehr Anpassungen nehmen sie vor und desto mehr Positionen türmen sie in ihrem Frust auf – gerade so, als ob ihre Aktionen Mister Market zu einem Verhalten zwingen könnten, das ihrer Weltsicht entspricht.

Wir können noch so sorgfältig analysieren, der Markt hat seinen eigenen Kopf. Er macht, was *er* will. Wir haben keine Kontrolle über ihn und können gewöhnlich nicht im Voraus erkennen, welchen Weg er einschlagen wird. Wir können uns noch so sehr abmühen und dem Gewinn hinterherjagen: Die Ereignisse am Markt verfolgen ihren eigenen Kurs und nehmen von uns überhaupt keine Notiz.

Haben wir das erst einmal erkannt, gestaltet sich unser Umgang mit dem Markt wesentlich einfacher. Denn nur wenn wir einsehen, dass die Märkte ihren eigenen Gesetzen folgen und sich durch all unsere Prognostizierereien in keiner Weise beeindrucken lassen, können wir flexibel bleiben und schnell genug erkennen, wenn wir falsch liegen.

Es gibt wohl nichts Frustrierenderes als die Überzeugung, selbst die Wahrheit erkannt zu haben, um dann erleben zu müssen, dass die anderen Investoren überhaupt keine Notiz von einem nehmen und den Markt in die entgegengesetzte Richtung treiben. Wenn Sie als Anleger aber wissen, dass dies geschieht (und zwar recht häufig), sollten Sie aus Ihrer Überzeugung kein Evangelium machen. Sie können sich und anderen eingestehen, auch mal falsch zu liegen, und bleiben locker und entspannt dabei.

Die Märkte diskontieren die Zukunft

Sie meinen nicht, dass die Märkte schlauer sind als Sie und ich? Dann sollten Sie Folgendes bedenken: Wenn Sie wissen wollen, wie kalt es in diesem Winter in Florida sein wird, weil Sie davon abhängig machen, ob Sie Ihren dicken Pullover mitnehmen oder nicht, dann sollten Sie sich nicht an den Wetterbericht halten. Werfen Sie vielmehr einen Blick auf den März- oder Mai-Terminhandel mit Orangensaft-Kontrakten an der New Yorker Warenterminbörse.

Wenn frostige Kälte im Anzug ist, erkennen Sie die Sorgen bezüglich eines eventuellen Ernteschadens an den Kontraktkursen. Ist umgekehrt kein Frost zu erwarten, könnten Orangensaft-Kontrakte auf ein nie da gewesenes Tief absinken.

Schlägt der Frost zu, schlägt sich dieses Ungemach unmittelbar im Preis für Orangensaft nieder. Zu diesem Zeitpunkt verkaufen Profis, welche die heranziehende Kälte korrekt vorausgesagt haben, ihre Kontrakte gewinnbringend an diejenigen, die davon gerade erst in den Fernsehnachrichten erfahren haben und ihrerseits daran verdienen wollen. Anders gesagt: Wenn Sie bei Ihrem Orangensafthandel eine, sagen wir, im Februar eintreffende Frostperiode nutzen wollen, tun Sie gut daran, schon im Oktober des Vorjahres mit Ihren Investitionen zu beginnen. Der Markt nimmt in aller Regel vier Monate im Voraus Witterung auf.

Ich erzähle Ihnen die Orangensaftgeschichte als Gedächtnisstütze: Wenn Sie an Orangensaft denken, müssen Ihnen sofort die Stichwörter *Zukunft* und *Diskontieren* einfallen. Ist das nicht eine sehr gesunde Art und Weise, sich dieses Gesetz der Märkte zu merken?

Können die Kurse nicht weiter steigen, müssen sie fallen – und umgekehrt

Häufig lassen wir uns gerade dadurch verunsichern, dass wir uns zu lange den Kopf über „den Markt" zerbrechen und nachgrübeln, was andere Leute wohl tun und was zurzeit der heiße Renner ist (oder auch nicht). Als einzige Realität sollte für Sie als Anleger die Entwicklung Ihrer eigenen Geldanlage zählen.

Es ist doch so: Der Markt kann nicht wissen, welchen Anlagestil Sie pflegen. Wenn es Ihr Stil ist, den Getreidemarkt wann immer möglich leer zu verkaufen, dürfte ein Aufschwung beziehungsweise Abschwung auf dem allgemeinen Rohstoffmarkt für Ihre Position irrelevant sein. Relevant ist für Ihre Position vielmehr die Entwicklung der Getreidepreise. Die Preise für Palladium, Platin oder Rohöl interessieren allenfalls am Rande – sie könnten ein Hinweis auf eine allgemeine Deflation der Rohstoffpreise sein.

Aber nun sagen Sie: „Das ist doch eine günstige Entwicklung für mich, Deflation und fallende Rohstoffpreise." Und ich kontere: „Falsch!" Für Sie geht es um die Niederschlagsmenge im Mittleren Westen und die hat herzlich wenig mit Energiepreisen zu tun. Die Nachfrage nach Getreide ist bekanntlich recht konstant, aber dafür steht und fällt Ihr Erfolg an der Getreidebörse mit dem Wetter. Die Tatsache, dass der Rohölpreis sinkt, bedeutet nicht, dass die Getreidepreise ebenfalls sinken werden. Eine Dürreperiode in Kansas hat absolut nichts mit einer Ölschwemme in Riad zu tun.

Sie müssen sich unbedingt auf das konzentrieren, was für Ihre Position von Belang ist. Ein Hoch oder ein Tief am breiteren Markt erweitert Ihren Horizont, aber viel mehr auch nicht.

Fragen macht klug

Die Geschwindigkeit, mit der sich Marktinformationen ausbreiten, ist so hoch, dass wir uns gewöhnlich nicht einmal die Zeit nehmen, nach der Beweislage zu fragen. Und so handeln wir oft auf der Basis unzulänglicher Informationen oder Meinungen.

Dazu folgendes Beispiel: Im Verlauf des parabolischen Aufstiegs der Technologieaktien 1998-99 haderten viele Börsenauguren mit der Frage, warum so manche Aktie wie eine Rakete abgezogen war. Anders gesagt: Anstatt die Einschätzung der Investoren, die den Aktienkurs bis zur Schmerzgrenze in die Höhe getrieben hatten, in Zweifel zu ziehen, schlussfolgerten die Experten, traditionelle Kennziffern wie Kurs-Gewinn-Verhältnisse seien nicht länger brauchbar, weil sie die Kursentwicklung nicht mehr zu erklären imstande seien.

Ich will wirklich kein Spielverderber sein, aber wenn plötzlich jahrzehntelang bewährte Forschungsmethoden, wissenschaftliche Arbeiten, Nobelpreise und grundlegende Wirtschaftstheorien vom Tisch gefegt werden, sollte man doch wohl Beweise verlangen dürfen.

Totgesagte leben länger

Wenn die Nacht am dunkelsten ist, steht der Tagesanbruch unmittelbar bevor!

Zuweilen vergessen wir, dass unsere Geldanlagen unweigerlich an die Gesellschaft und die Menschen, die diese Gesellschaft tragen, gebunden sind. Deshalb verlieren wir oft das Faktum aus dem Auge, dass so gut wie ausnahmslos eine Kehrtwende aus einem Markttief herausführt – so wie umgekehrt eine Kehrtwende den Bullen zum Bären macht.

Die Investoren mögen den japanischen Aktienmarkt der 1990er-Jahre noch so pessimistisch beurteilt haben: Es war eine nicht zu leugnende Tatsache, dass weder das japanische Volk noch sein Inselreich sang- und klanglos in den Wellen des Pazifik untergehen würde. Es kam überhaupt nicht auf das Niveau der Aktienkurse an: Nach wie vor standen Millionen und Abermillionen fleißiger und gut ausgebildeter Leute allmorgendlich auf und hielten die Nation über Wasser. So einfach ist dieser Umstand, dass wir ihn allzu leicht vergessen.

Doch als wir einen Bärenkommentar nach dem anderen zu lesen bekamen, verhärtete sich die Einstellung des Anlegerpublikums (Profis und Amateure gleichermaßen): Die Japaner würden nie wieder auf die Beine kommen. Als dann 1999 die Kehrtwende eintrat und der Handel wieder in Schwung kam, wollte oder konnte es kaum einer glauben. Dabei war die Hoffnung, dass die Japaner nach 10 Jahren kläglicher Anlagenrenditen allmählich (vielleicht) mit einem Umschwung rechnen konnten, durchaus nicht unbegründet gewesen.

Wenn Sie es das nächste Mal mit einem schon seit Jahren anhaltenden Markttief zu tun haben, sollten Sie daran denken, dass es vor der Morgendämmerung immer besonders dunkel ist und mit der Morgendämmerung wieder hell wird – oder an irgendetwas anderes, was Sie an die Zyklen der Märkte erinnert.

Ein Blick über den Tellerrand

Dies ist eine sehr wichtige Regel für Investoren: Verfallen Sie unter gar keinen Umständen in Xenophobie! Ein guter Freund von mir, britischer Repräsentant einer großen europäischen Vermögensverwaltungsgesellschaft, kann sich heftig über die Einstellung der Amerikaner zum Sport ereifern. „Verdammt noch mal, außer auf dem amerikanischen Kontinent schert sich doch kein Mensch, die Japaner ausgenommen, um den bescheuerten Baseball. Und alle Welt spielt Fußball, nur die Amerikaner haben ihren Football." Blablabla ...

Mein Freund hat natürlich Recht, aber das ist eine andere Geschichte.

Wichtig in diesem Zusammenhang ist, dass sich sein Kommentar auf die Sichtweise der amerikanischen Investoren übertragen lässt: Wenn es doch so viele gute Unternehmen und Möglichkeiten hier bei uns gibt, warum soll man sich dann noch mit den Märkten in Übersee befassen? Abgesehen vom (meiner Ansicht nach durchaus triftigen) Diversifizierungsargument gibt es einen Aspekt bei ausländischen Märkten, der mich besonders interessiert.

Es ist die Beziehung zwischen dem US-Dollar und der Währung im Ausland, die unsere Aufmerksamkeit verdient. Viele Jahre lang hatten wir einen ausgesprochen starken Dollar, und mittlerweile tendieren wir zu der Auffassung, die Welt betrachte den US-Dollar wie selbstverständlich als eine globale Währung. Aber uns sollte bewusst sein, dass eine starke Währung Ausländer zum Kauf von Dollars und zur Investition in unsere Märkte ermutigt. Ein starker Dollar schafft somit zusätzliche Kaufkraft für unsere Märkte.

Und irgendwann ist dann ein Punkt erreicht, an dem der Dollar (wie letztlich alle Währungen) umschlägt. Es mag ein kleines Wetterleuchten oder auch eine große Trendwende sein – wer kann das schon wissen. Aber

eines weiß ich: Wenn Sie dem nicht rechtzeitig Beachtung schenken, werden Sie erst dann klug, wenn die
Schlagzeilen davon berichten und bereits Verluste entstanden sind.

Sie mögen das für unwichtig halten, aber erinnern Sie
sich an den Oktober 1987: Ein ohnehin schon nervöser
Markt geriet über das Wochenende aus den Fugen, als
Meinungsverschiedenheiten zwischen dem US-amerikanischen Finanzminister und den Deutschen über Fragen
der Zinspolitik in der Öffentlichkeit bekannt wurden. Es
folgte ein Börsencrash, den viele Beobachter zumindest
teilweise auf jenen öffentlich ausgetragenen Disput
zurückführten.

Ich halte immer ein Auge auf die Märkte im Ausland –
nicht nur, weil ich dort Geld investiert habe, sondern
auch wegen der Geldpolitik in Japan oder Europa und
deren Auswirkungen auf unsere Märkte. Wenn die eu-
ropäische Zentralbank ihren Leitzins erhöht, bekomme
ich Stielaugen. Wenn die Japaner einen Bankzusammen-
bruch eingestehen, brummele ich „Hmmm..." in meine
Kaffeetasse. Überhaupt ertappe ich mich bei allen möglichen Grimassen und Lautäußerungen, wenn ich meinen allmorgendlichen Blick über den Tellerrand werfe
und die nächtliche Entwicklung der Auslandsmärkte
begutachte.

Märkte zieht es zum lautesten Trubel

Wenn Sie unsicher sind, wohin der Markt treibt, brauchen Sie sich nur die Frage zu stellen, welche Entwicklung wohl den größten Aktionismus auslösen würde. In den meisten Fällen dürften Sie mit der Antwort richtig liegen.

Eine der Methoden, mit denen uns der Markt auf Trab hält, ist doch, dass er uns nach vorn und zurück peitscht, hinein in unsere Positionen und wieder heraus. Der Markt setzt alles daran, möglichst viele Anleger so oft wie möglich durcheinander zu wirbeln. Und deshalb zieht es ihn immer dorthin, wo er den meisten Trubel auslösen kann.

Nehmen wir zum Beispiel eine Aktie, die nach einer dreimonatigen Korrekturphase wieder steigt und knapp unter ihrem Jahreshoch liegt. Wenn diese Aktie ihr Hoch erreicht und noch darüber hinausschießt, dürfte hochgradiger Aktionismus angesagt sein. Die bisherigen Aktienbesitzer werden verkaufen, weil sie befürchten, die Aktie würde bei dem hohen Kurs auf Widerstand stoßen, und wer die Aktie bisher nur verfolgt hat, wird geradewegs beim Durchbruch zuschlagen und kaufen. Ab dann ist der lauteste Trubel gewährleistet, wenn die Aktie wieder unter ihr Hoch absinkt. Viele der Anleger, die ihre Aktie soeben erst erstanden hatten, steigen alarmiert aus und lösen damit weiteren Aktionismus aus, während diejenigen, die den Durchbruch verpasst haben, in den Abwärtstrend einsteigen ...

Erkennen Sie, wie das alles funktioniert? Sie wären erstaunt, wenn Sie wüssten, wie oft diese Regel die kurzfristige Marktentwicklung schon korrekt prognostiziert hat. Wenn ich unsicher bin, wie sich eine Geldanlage entwickeln wird, frage ich mich, welche Bewegung den lautesten Trubel – sprich, das größte Volumen, die größten Aktionen und die größten Aktivitäten – auslösen könnte. In vielen Fällen weist mich die Antwort in die richtige Richtung.

Auch Experten können irren

Viele Investoren neigen, wenn sich der Markt im Aufschwung befindet, zu einer Unterschätzung der Unternehmensgewinne, während sie bei abwärts tendierenden Märkten die Gewinne eher überschätzen. Es erstaunt mich immer wieder, dass ein Unternehmen die Schätzungen der Investoren Quartal für Quartal um Centbeträge je Aktie konsistent schlagen kann. Nachdem das über mehrere Jahre der Fall gewesen ist, sollte man meinen, die Investoren würden nun ein paar Cent je Aktie auf ihre realen Schätzwerte aufschlagen und damit genauere Schätzungen erzielen. Aber offensichtlich ist es nicht an dem.

Zum Teil liegt das daran, dass die Leute dazu neigen, die Auswirkungen positiver wie negativer Entwicklungen zu unterschätzen. Ganz gleich, ob Sie für ein Unternehmen oder als Privatmann auftreten – was Ihre Glückssträhne betrifft, so können Sie sich auf zwei Dinge verlassen: Entweder werden Sie von Entwicklungen überrascht, die noch positiver sind, als Sie dachten; oder es tritt eine Kehrtwende ein, häufig dann, wenn Sie am wenigsten damit rechnen.

Ich wollte, es gäbe eine allgemeine Regel, die Sie in solchem Kontext anwenden könnten. Wäre es zum Beispiel nicht schön, wenn man beweisen könnte, dass auf zwei positive Gewinnüberraschungen stets eine dritte derselben Art folgt? Leider trifft das nicht zu. Überraschungen beziehungsweise Enttäuschungen hinsichtlich der Unternehmensgewinne sind nun mal – Überraschungen. Der beste Rat, den ich Ihnen geben kann, lautet:

- ▲ Da Sie Gewinnüberraschungen nicht vorhersagen können, sollten Sie nicht so viel Zeit damit vergeuden.
- ▲ Die Tatsache, dass ein Unternehmen sich überraschend entwickelt hat, bedeutet noch lange nicht, dass die Entwicklung anhält.

Gewinne bewegen die Kurse

Bei meinen täglichen Marktbeobachtungen verzettele ich mich immer wieder in allen möglichen Details. Ich ertrinke in all den Informationen, wenn sich der prall mit Meinungen gefüllte Wasserschlauch über mich ergießt. Ich tue alles, was in meinen Kräften steht, um die Flut einzudämmen, aber die Quelle sprudelt einfach zu ergiebig.

Das kann nur zu Verwirrung führen. Wenn ich nicht mit Umsicht vorgehe, kann mir passieren, dass ich den Wald vor lauter Bäumen nicht sehe. Ich ertappe mich dabei, dass ich mich auf immer kleinere Details konzentriere – in dem unbestimmten Gefühl, wenn ich nur noch ein einziges Goldklümpchen mehr aus dem Wasser fischen würde, wäre alles klar. Es ist natürlich umgekehrt: Je mehr ich den Schlamm aufwühle, desto trüber wird die Sicht.

Spätestens dann wende ich einen kleinen Kunstgriff an. Ich mache mir klar, dass es auf lange Sicht die Unternehmensgewinne sind, die letztlich den Aktienkurs und damit den Aktienmarkt (als Aktienkollektiv) vorantreiben. Sie glauben gar nicht, wie oft dieser Gedanke Sie von Überlegungen abzuhalten vermag, die Sie in die falsche Richtung führen würden.

Dazu folgendes Szenario: In einem in Schwierigkeiten geratenen Unternehmen wird ein neuer CEO benannt. Häufig begrüßen die Investoren den Amtswechsel und treiben den Aktienkurs in übertriebenem Optimismus in die Höhe. Also – ein in Schwierigkeiten geratenes Unternehmen mit einem neuen CEO am Ruder ist das, was auch ich besonders gern kaufe. Ich treibe ein Kontra-Spiel in der Erwartung, dass der neue Katalysator eine Kurskorrektur im Unternehmen bewirkt. Mit anderen Worten: Ich brauche eigentlich keine weiteren Ermutigungen zum Kauf.

Aber wenn ich dann das Szenario weiter beobachte, mache ich mir immer wieder klar: Es sind die Gewinne, die den Kurs bewegen. Anders gesagt: Der neue CEO mag noch so qualifiziert sein – wenn das Potenzial für eine Kehrtwende nicht gegeben ist, kommt die Aktie als Kaufobjekt nicht infrage.

Man muss seine Grenzen kennen

Wie König Knut können auch Sie das Unmögliche nicht möglich machen. König Knut der Große war ein Vikingerkönig aus dem 11. Jahrhundert. Seine Höflinge schmeichelten ihm bis hin zu der Behauptung, er könne den Meeresfluten Einhalt gebieten. Als gläubiger Mensch hatte Knut eine realistische Vorstellung von dem, was Könige leisten können und was nicht. Um die Richtigkeit seiner Überzeugung unter Beweis zu stellen, ließ er seinen Thron an die Küste schaffen, setzte sich drauf und befahl der heranrollenden Flut, sie solle zurückweichen. Was sie natürlich nicht tat und damit sein Argument bewies: Man muss seine Grenzen kennen.

Eine bemerkenswerte Anekdote. Letztlich sind wir nämlich alle machtlos – wir können den Fluten des Marktes nicht Einhalt gebieten. Der Markt hat seinen eigenen Kopf. Wir mögen uns noch so sehr eine andere Entwicklung wünschen – wir können nichts ausrichten. So sehr Sie darauf angewiesen sein mögen, den Markt zu Ihrem Vorteil zu nutzen – der Markt geht seinen Weg.

Und außerdem habe ich folgende Erfahrung gemacht: Je mehr Sie auf eine ganz bestimmte Marktentwicklung erpicht sind, desto unwahrscheinlicher ist sie.

Ein hartes Brot

Es geht die Mär um, an der Börse ließe sich leichtes Geld verdienen. Dieser Unsinn wächst und gedeiht auf Bullenmärkten, wenn das Geldverdienen wirklich leicht fällt. Aber das sollte nicht verwechselt werden mit dem Bemühen, Geld zu halten – das steht nämlich auf einem ganz anderen Blatt.

Überlegen Sie mal, wie Sie unter den folgenden Marktbedingungen zu Geld kommen wollen:

▲ Sie haben zahlreiche Konkurrenten, die mehr Geld besitzen als Sie, kollektiv gescheiter sind und größeres Durchhaltevermögen aufbringen.

▲ Tausende von ihnen widmen jede wache Stunde der Schnäppchensuche. Weitere Tausende haben die besten Schulen besucht und einschlägige akademische Grade erworben. Was ihnen möglicherweise an Instinkt oder Courage fehlt, wird wiederum durch weitere Tausende Konkurrenten ausgeglichen, die über exzellenten Instinkt verfügen, couragiert an die Sache gehen und einen Haufen Geld in der Tasche haben.

▲ Das Finanzamt kassiert in den USA zwischen 20 und 40 Prozent Ihrer Gewinne für den Fall, dass Sie mal richtig liegen. [Für Deutschland: Kursgewinne innerhalb der Spekulationsfrist müssen Sie mit Ihrem persönlichen Steuersatz versteuern; Anm. d. Übers.]

▲ Sie liegen endlos im Clinch mit Ihren Emotionen, desgleichen mit Ihren anderweitigen Lebensumständen, die ein konzentriertes, konsistentes Vorgehen erschweren.

▲ Sie haben so gut wie keine Möglichkeit, die Marktentwicklung vorauszusehen oder zu erkennen, welche Sektoren oder spezifischen Geldanlagen die Gewinner des Jahres sein werden.

Natürlich heißt dies nicht, dass Sie sich erst gar nicht an die Börse trauen sollten. Auch brauchen Sie die Hoffnung, an der Börse Geld zu verdienen, keineswegs aufzugeben. Wohl aber sollten Sie sich vor Augen führen, dass jeder Gedanke an die Möglichkeit, seinen Lebensunterhalt an der Börse zu verdienen, bestenfalls eine Langzeitperspektive ist. Verlustperioden zu überstehen, wenn es um Geld geht, das Sie erst in 20 Jahren in Ihrem Ruhestand brauchen, ist das eine; etwas ganz anderes ist es, das nötige Kleingeld für das tägliche Leben zu riskieren. Der Stressunterschied ist enorm; aber genau unter solchem Stress gilt es an der Börse zu taktieren, ob nun der Markt Ihnen zuspielt oder nicht. Und so manches Investmentprojekt scheitert daran.

Wenn Sie daran denken, Ihren derzeitigen Job zu kündigen und fortan Ihr täglich Brot an der Börse zu verdienen, sollten Sie sich die Sache sehr gut überlegen. Was das betrifft – ich persönlich denke nicht im Traum daran!

8

Optionen

Risiken und Gewinne managen

Verbünden Sie sich mit der Zeit – verkaufen Sie Optionen

Zu den grundlegenden Attributen eines börsennotierten Optionskontrakts zählt dessen begrenzte Laufzeit. Diese offensichtliche Tatsache ist von erheblicher Bedeutung für Ihren Umgang mit Optionen: Wenn Sie auf lange Sicht Geld verdienen wollen, müssen Sie als Optionsverkäufer, nicht als Optionskäufer, agieren.

Eine Option unterliegt einem stetigen Zeitwertverlust. Mit jedem Tag, den sich eine Option ihrem Verfallstermin nähert, verliert sie – bei sonst konstanten Bedingungen – an Wert. Eine Investition in ein Produkt, das automatisch an Wert verliert, sollte man sich überlegen.

Als Optionsverkäufer übertragen Sie diesen Wertverlust auf den Optionskäufer. Beispiel: Die IBM-Aktie wird bei 100 gehandelt, Sie verkaufen einen Januar-100-Call (Kaufoption) mit zweimonatiger Restlaufzeit für 8 US-Dollar. In diesen 60 Tagen fällt der Optionskurs infolge des Zeitwertverlusts um durchschnittlich 13 US-Cent am Tag oder 8 Dollar je Kontrakt. Sollte der Aktienkurs unverändert bleiben (was häufig der Fall ist), machen Sie einen Gewinn und der Käufer einen Verlust.

Wir wollen den Zusammenhang noch verdeutlichen: Wenn sich die Aktie nicht bewegt, gewinnen Sie. Wenn die Aktie fällt, gewinnen Sie auch (zumindest bei der Option). Sie können sogar noch gewinnen, wenn die Aktie um weniger als 8 Dollar steigt. Sie sind also in drei von vier wahrscheinlichen Szenarien der Gewinner:

▲ Wenn die Aktie sinkt, gewinnen Sie.
▲ Wenn die Aktie unverändert bleibt, gewinnen Sie.
▲ Wenn die Aktie ein bisschen steigt, gewinnen Sie.
▲ Wenn die Aktie deutlich steigt, verlieren Sie.

Die Chancen stehen also mit 75 Prozent zu Ihren Gunsten – ein gutes Szenario.

Beim Verkauf eines Put (Verkaufsoption) verhält es sich genau umgekehrt. Wenn Sie eine Verkaufsoption verkaufen, gewinnen Sie, wenn die Aktie steigt, unverändert bleibt oder ein bisschen sinkt – mit derselben Wahrscheinlichkeit von 75 Prozent zu Ihren Gunsten.

Ich bin aktiver Optionsverkäufer sowohl im Namen meiner Klienten als auch auf eigene Rechnung – als „nackter" (also ungedeckter) Verkäufer (nur für mich selbst, da diese Variante risikoreicher ist) ebenso wie als gedeckter Stillhalter (für Klienten). Meiner Erfahrung nach sind Optionsgeschäfte zu 70 Prozent profitabel – ein realistisches Ergebnis, das sehr nahe an die theoretische Zahl wertlos verfallender Kontrakte herankommt.

Kleinanleger neigen aus folgenden Gründen eher zum Kauf von Optionen:

1. Als Verkäufer sind Sie auf eine Absicherung Ihrer Position angewiesen.
2. Optionsgeschäfte können riskant sein. Eine Aktie kann sich derart zu Ihrem Nachteil entwickeln, dass Sie Ihnen substanzielle Positionsverluste einbringt.
3. Die meisten Investoren unterschätzen die Belastung, die ihnen als Optionskäufer durch den Zeitwertverlust entsteht.

Viele Anleger halten den Verkauf von Optionen daher für keine gute Strategie. Zumindest jedoch bleibt zu hoffen, dass eine klare Vorstellung davon, welchem Wertverlust eine Optionsposition im Zeitverlauf unterliegt, Ihre Begeisterung für den grundsätzlich spekulativ angelegten Optionserwerb ein wenig zu dämpfen vermag.

Alles oder nichts

Wenn Sie als Optionsverkäufer auftreten, dreht sich alles in Ihrer perfekten Welt um den Tag, an dem Ihre Short-Position wertlos verfällt. Das ist der Heilige Gral der Stillhalterposition – darauf haben Sie spekuliert.

Klar, werden Sie sagen, eine Option, die wertlos verfällt, wirft maximalen Gewinn ab. Deshalb treibt man doch den ganzen Aufwand. Stimmt. Aber die Sache hat ein kleinen, wenngleich gewichtigen Haken.

Wenn Sie beim Verkauf von Positionen darauf setzen, dass diese wertlos verfallen, kalkulieren Sie in aller Regel hohe Wahrscheinlichkeiten ein. Streben Sie also bei jeder Ihrer Short-Positionen deren totalen Wertverfall an, so bedeutet dies, dass Sie nach Call- und Put-Positionen Ausschau halten, die aus dem Geld liegen. Sie sollten versuchen, mit Ihrer Strategie nicht zu einseitig zu agieren. Vielmehr sollten Sie nach Optionspositionen mit hoher Volatilität Ausschau halten, bei denen Sie davon ausgehen können, dass die Aktie oder der Index bis zum Verfallstermin im Geld liegt.

Im Allgemeinen sollten Sie verkaufen, wenn der aktuelle Kurs deutlich unter beziehungsweise über dem Basispreis liegt und Sie mit hoher Wahrscheinlichkeit profitieren können. Mit der Zeit macht sich eine solche Strategie bezahlt.

Dennoch ist Vorsicht geboten: Je größer die Spanne zwischen aktuellem Kurs und Basispreis ist, desto geringer wird die Wahrscheinlichkeit, dass am Verfallstag ein Wert herauszuholen ist. Im Extremfall könnte es passieren, dass Sie Optionen weit aus dem Geld verkaufen und letztlich Centbeträge kassieren. Dafür lohnt der Aufwand nicht.

Optionskäufe:
Hürdenlauf gegen die Zeit

Die meisten Einzelanleger treten als Optionskäufer auf. Doch wenn Sie als Optionskäufer agieren, müssen Sie verschiedene Hürden bewältigen, die in ihrer Gesamtheit die Erzielung konsistenter Gewinne sehr erschweren.

Erstens muss sich das Basisobjekt (zum Beispiel eine Aktie, ein Rohstoff oder eine Devise) deutlich zu Ihren Gunsten entwickeln. Wenn Sie eine Kaufoption kaufen wollen, muss die Position so weit im Wert steigen, dass die Call-Kosten gedeckt sind und darüber hinaus noch Spielraum für einen Profit bleibt. Beim Kauf einer Verkaufsoption muss sich das Basisobjekt genau in entgegengesetzter Richtung entwickeln: Der Basiswert muss fallen, und zwar so stark, dass Sie davon profitieren können.

Zweitens muss die gewünschte Bewegung innerhalb des für Ihre Option vereinbarten Zeitrahmens erfolgen. Wenn Sie beispielsweise Kaufoptionen mit dreimonatiger Laufzeit erworben haben, muss die oben geschilderte Entwicklung binnen dieser drei Monate bis zum Verfallsdatum stattfinden. Allerdings besagt das erste Gallea'sche Optionsgesetz, dass der Basiswert genau einen Tag nach dem Verfallsdatum Ihrer Option zu einer ausholenden Bewegung ansetzt ...

Drittens haben Sie als Optionsinhaber die Zeit gegen sich. Mit dem Heranrücken des Verfallsdatums Ihrer Option arbeitet jede Sekunde, jede Minute, jede Stunde und jeder Tag gegen Sie.

Und schließlich sind Optionsgewinne meistens als kurzfristige Kapitalgewinne zu versteuern, sodass Sie auch noch einen Partner berücksichtigen müssen: Vater Staat schätzt sich glücklich, Ihnen im Nacken sitzen zu dürfen. Bei jedem Ihrer Geschäfte hält er die Hand auf und kassiert knapp die Hälfte.

Wenn Sie dann noch all die Provisionen und Arbitragen hinzurechnen, dürfte Ihnen klar sein, warum ich den Erwerb von Optionen im Allgemeinen nicht empfehle. Bei Strategien, die den Kauf von Optionen vorsehen, sind von vornherein geringe Wahrscheinlichkeiten einzukalkulieren. Die Chancen stehen gegen Sie. Wenn Sie das Spiel nur lang genug treiben, gewinnt meist der Markt.

Vielleicht mit einer einzigen Ausnahme: Wenn Sie US-Schatzwechsel kaufen und die Zinsen für den Kauf von Optionen einsetzen, kann dies eine profitable Langfriststrategie sein, denn mit jedem Jahr dürften Ihre Verluste dank eines höheren Zinsaufkommens ausgeglichen werden. Allerdings ist diese Strategie mit ebenjenem Nervenkitzel verbunden, den Sie verspüren, wenn Sie Ihrem Rasen beim Wachsen zusehen. Deshalb ist zu vermuten, dass Sie sich nicht lange damit aufhalten wollen.

Kurzum: Von Zeit zu Zeit dürfen Sie auch mal mit dem Kauf einer Call- oder Put-Position spekulieren, aber von der konsistenten Verfolgung einer Kaufstrategie am Optionsmarkt würde ich abraten.

Alles mit Maßen

Zu viele Optionshändler stürzen sich mit ihren Börsen-
aufträgen auf die Märkte. Die Erzielung eines marktge-
rechten Kurses erweist sich oft als sehr kostspielig,
besonders bei illiquiden Optionen.

Beispielsweise fiel mir kürzlich eine Indexoption ins
Auge, die mit einem Geldkurs von 11,5 und einem
Briefkurs von 14,5 notiert war. Eigentlich war ich an
einer solchen Option interessiert, zumal ich den Verkauf
ungedeckter Optionen als mein Steckenpferd betrachte.
Mit einem Geldkurs von 11,5 war die Option deutlich
unterbewertet – die Prämie, die ich für das beim Verkauf
einer ungedeckten Option eingegangene Risiko erzielen
konnte, war nicht hoch genug. Demgegenüber war der
Briefkurs mit 14,5 überbewertet – als Käufer musste man
zu viel zahlen.

Mister Market konnte ich dafür nicht verantwortlich
machen. Er ist auf diese Spanne zwischen Geld- und
Briefkurs angewiesen, denn es handelt sich um eine
Position, die er unter Umständen bis zum Verfallsdatum
halten muss. Bei einer illiquiden Option kann er kaum
damit rechnen, dass ein Käufer oder Verkäufer zu *seinem*
Preis anbeißt. Was also war zu tun?

Ich halbierte die Differenz zwischen Geld- und Briefkurs und legte ein Preislimit bei 13 Dollar fest, abzüglich
0,25 bis 0,5 als Verbeugung vor Mister Market. Letztlich
stieg ich bei 12,75 Dollar ein. Mein limitierter Auftrag
stand den ganzen Tag lang, bis kurz vor Börsenschluss
ein Kaufinteressent, aus welchen Gründen auch immer,
auftauchte, dem ich die Option zu *meinem* Preis verkaufte. Mit dem Verkauf von drei Kontrakten hatte ich
zusätzliche 375 Dollar in der Tasche. Ein solches Geschäft 20 Mal – macht einen coolen Reibach von 7500
Dollar.

Ob ich Sorge hatte, der Markt könnte sich von mir
weg entwickeln? Sicher doch. Immer. Aber ich musste

die Optionsposition nicht verkaufen. Ich hatte auch keine Long-Position aufgebaut. Für mich war es eine neue Position. Meine Einstellung war schlicht und einfach: Zahl mir meinen Preis, sonst mache ich mein Geschäft anderswo. Die Möglichkeit gibt es immer.

Mit 12,75 lag der Optionskurs näher am fairen Preis, sodass der Markt letztlich bei diesem Kurs reagierte. Aber daraus kann man eine Menge lernen. Bei großen Geld/Brief-Spannen sollten Sie die Differenz halbieren, ein bisschen Spielraum lassen und dann an dem von Ihnen angebotenen Kurs festhalten. Sie werden staunen, wie oft Sie damit Erfolg haben.

„Überbewertete" Optionen verkaufen

Bei Ihren Geldanlagegeschäften sollten Sie stets darauf achten, überbewertete Positionen zu verkaufen, unterbewertete hingegen zu kaufen. Der Verkauf von Optionspositionen macht da keine Ausnahme – egal ob Sie gedeckte oder ungedeckte Optionen verkaufen wollen.

Es gibt zwei Möglichkeiten, warum Optionen als überbewertet gelten können. Alle Bücher, die jemals über Optionen geschrieben worden sind, legen Ihnen nahe, Optionen zu verkaufen, bei denen die im Optionspreis berücksichtigte implizite Volatilität seit eh und je hoch ist. Diese brauchbare Empfehlung ist besonders dann von Nutzen, wenn Sie mit 100 Kontrakten auf einmal ins Geschäft kommen wollen. Bei 50 Cent Unterschied gegenüber dem fairen Wert werden daraus leicht 5000 Dollar. Verkaufen Sie hingegen nur drei Kontrakte, machen 50 Cent gerade mal 75 Dollar aus.

75 Dollar hier, 75 Dollar dort – auch das läppert sich schnell zu einem hübschen Sümmchen zusammen. Das Entscheidende aber ist, dass der Überbewertung aufgrund hoher Volatilität weniger Bedeutung zukommt als der Überbewertung aufgrund des folgenden Zusammenhangs: *Eine hoch überbewertete Option ist eine Option auf die falsche Seite der Aktie.*

Nehmen wir einmal an, eine Aktie wird bei 35 Dollar gehandelt. Eine Kaufoption mit 60 Tagen Laufzeit und Basis 35 Dollar, die 2 Dollar kostet, wäre überbewertet, wenn die Aktie im Lauf der nächsten beiden Monate auf 30 Dollar zu fallen droht. Ein solcher Call würde wertlos verfallen.

Umgekehrt kann die Volatilitätsanalyse ergeben, dass derselbe Call eigentlich nur 1,50 Dollar wert ist, aber wenn die Aktie eine Aufwärtsbewegung auf 40 Dollar zu erkennen gibt, ist die Kaufoption unter den gegebenen Umständen sehr preisgünstig.

Bei der Bewertung von Optionsprämien kommt es also entscheidend auf die Richtung der Bewegung des Basisobjekts an. Es ist durchaus professionell, die implizite Volatilität einer Option zu überprüfen, um solche Optionen zu ermitteln, die im Vergleich zu ihrer historischen Schwankungsbreite günstig gehandelt werden. Doch dürfen Sie dabei eins nicht vergessen: Sollten Sie die Entwicklung des Basisobjekts falsch einschätzen, hilft Ihnen auch Ihre Volatilitätsanalyse nicht viel weiter!

Die Bewertung von Optionen ist auf zweierlei Weise möglich. Halten Sie sich unbedingt an die wichtigere Determinante!

Ein Wort zum Risikoausgleich

Als Verkäufer ungedeckter Optionen sind Sie nicht im Besitz der Aktie, die den von Ihnen verkauften Call-Optionen zugrunde liegt, und wenn Sie Put-Optionen leerverkaufen wollen, müssen Sie nicht nur *bereit sein,* die entsprechenden Aktien zu erwerben, sondern sich im wahrsten Sinne des Wortes *bereithalten.*

Verkaufsgeschäfte mit ungedeckten Optionen sind eine grundsätzlich riskante Angelegenheit. Als „nackter" Verkäufer müssen Sie die Möglichkeit eines hohen Verlustes einkalkulieren – im Gegenzug für einen begrenzten und zeitlich limitierten Gewinn. Streng genommen zählt diese Strategie nicht zu den Strategien, die grundsätzlich empfehlenswert sind. Dennoch: Man kann daraus Gewinn schlagen.

Wichtig ist, dass Sie Ihre Positionen mit Verkäufen von aus dem Geld notierenden Put- und Call-Optionen ausgleichen, die in etwa Ihrer Markteinschätzung entsprechen. Ein paar Beispiele sollen den Zusammenhang verdeutlichen:

Wenn Sie eine neutrale Marktposition halten wollen, sollten Sie versuchen, aus dem Geld notierende Puts und Calls zu etwa gleichen Teilen zu verkaufen (nach Maßgabe des jeweiligen Deltafaktors der Optionen). Wenn Sie Calls mit 1000 Deltapunkten leerverkauft haben, sind Sie daran interessiert, zugleich 1000 Deltapunkte mit dem Kauf von Puts zu erzielen (nämlich durch den Leerverkauf der Puts, da diese ein negatives Delta ausweisen und das negative Delta beim Leerverkauf dem positiven Delta beim Kaufengagement entspricht). Ihre Deltaposition muss nicht auf Heller und Pfennig ausgeglichen sein, aber doch in etwa stimmen und ständig überwacht werden, zumal sich die Deltafaktoren mit der Kursveränderung des Basisobjekts ändern.

Wenn Sie sowohl Calls als auch Puts verkaufen, können Sie mit ziemlicher Sicherheit davon ausgehen, dass rund 50 Prozent Ihrer Short-Positionen am Ende wertlos verfallen. Anders gesagt: Wenn Sie aus dem Geld notierende Kauf- und Verkaufsoptionen auf ein und dieselbe Aktie verkaufen, können Sie davon ausgehen, dass mindestens die Hälfte davon wertlos verfällt. Damit haben Sie schon Ihre Gewinnchancen verbessert.

Verkaufen Sie hingegen Kaufoptionen auf die eine Aktie und Verkaufsoptionen auf eine andere, kann Ihnen durchaus passieren, dass Sie auf beiden Seiten der Gleichung ein Verlustgeschäft machen.

Allerdings sollten Sie nicht nur Call- und Put-Optionen auf jeweils ein und dieselbe Aktie verkaufen, sondern auch darauf achten, dass die zugrunde liegenden Aktien aus unterschiedlichen Branchen kommen. Sie müssen auf jeden Fall vermeiden, dass eine folgenreiche Entwicklung innerhalb einer bestimmten Branche Ihre Bilanz ruiniert. In der Praxis bedeutet dies, dass Sie bei Ihrem Verkaufsgeschäft beispielsweise Optionen auf eine Halbleiteraktie, eine Bankaktie und eine Industrieaktie kombinieren. Oder Sie verkaufen einfach eine Optionskombination auf einen Index wie den S&P 100 oder den NASDAQ Composite.

Wenn Sie meinen, dass sich der Markt in einer Aufwärtsentwicklung befindet, können Sie unter Umständen auf jede Kaufoption zwei Verkaufsoptionen verkaufen: Sie verlagern damit das Gleichgewicht Ihrer Positionen nach Maßgabe Ihrer Markteinschätzung. Umgekehrt können Sie mehr Calls als Puts verkaufen, wenn Sie meinen, dass der Markt schwächer wird.

Allerdings sollten Sie eines nicht tun: alles auf eine Karte setzen und *nur* Calls oder *nur* Puts verkaufen, weil Sie sich Ihrer Markteinschätzung so bombensicher sind. Sie brauchen sich nur einmal verschätzt zu haben. Die Bombe kann nach oben wie nach unten losgehen – in jedem Fall müssen Sie erst mal wieder auf die Beine kommen und Ihre Positionen auflösen beziehungsweise neu aufbauen.

Denken Sie daran, dass Sie als Verkäufer ungedeckter Optionen in erster Linie auf den Zeitwertverlust der

Optionsprämie setzen müssen; auf Ihre Markteinschätzung kommt es weitaus weniger an. Es wäre sogar von Vorteil, wenn Sie stets von der Annahme eines stagnierenden Marktes ausgingen, um Ihre Optionsportfolios unter diesem Aspekt zusammenzustellen. Der Versuch, die Marktentwicklung abzuschätzen und die eigenen Optionen entsprechend zu positionieren, kann Ihnen allzu leicht ausgebombte Werte bescheren!

Verzichten Sie auf Optionen mit Miniprämien

Generell möchte ich behaupten, dass Sie mit Optionen, die unter einem Dollar verkauft werden, kein Geld verdienen können.

Mit dem Kauf einer solchen Option haben Sie vermutlich eine Position erworben, die entweder weit aus dem Geld notiert oder aber eine sehr kurze Laufzeit hat. Anders gesagt: Sie spekulieren bei dem Papier entweder auf eine starke oder auf eine schnelle Bewegung. Da Wertpapiere durchschnittlich zu 70 bis 80 Prozent der Zeit keine Kursveränderung aufweisen, stehen die Chancen vier zu fünf gegen Sie, dass die Kursbewegung ausreicht, um Ihre Rechnung aufgehen zu lassen. Jeder Optionskäufer macht die Erfahrung, dass sich das Papier so gut wie nie vor dem Verfallsdatum der erworbenen Option bewegt – schon gar nicht innerhalb weniger Tage.

„Nun denn", werden Sie sagen, „wenn man beim Kauf solcher Optionen so gut wie immer verliert, will ich der Verkäufer sein und den Lohn kassieren." Wenn Sie sich daran halten, werden Sie so gut wie immer die Prämie einstreichen und sich als Gewinner betrachten können. Das Problem ist nur, dass Sie mit einem sehr kleinen, begrenzten Gewinn ein riesiges Risiko eingehen. Sie versuchen, einen 50-Dollar-Profit zu ergattern, aber sollten Sie falsch liegen, handeln Sie sich einen sehr großen Verlust ein.

Meist passiert nämlich Folgendes: Sie geraten entweder in einen Kurskollaps (beim Leerverkauf von Puts) oder (beim Leerverkauf von Calls) in einen unvorhergesehenen starken Aufwind (beispielsweise infolge einer Übernahme). In beiden Fällen geht Ihnen der Profit aus 20 oder 30 erfolgreichen kleinen Optionsgeschäften auf einen Schlag wieder verloren. Und da Sie viele „Mini-Optionen" verkaufen müssen, um überhaupt vernünftig

Geld zu verdienen, erhöhen Sie automatisch die Wahrscheinlichkeit, mit einer dieser beiden Katastrophen wieder alles zu verlieren.

In diesem Zusammenhang möchte ich auf eine intuitive Erkenntnis verweisen: Im Leben ist Billigware generell nicht so gut wie teure Ware. Eine Flasche Scotch zu, sagen wir, 50 Dollar, hat einfach mehr an Qualität zu bieten als eine zu 10 Dollar. Genauso verhält es sich bei den Optionen. Billige Optionen zeitigen oft die Wirkung von billigem Whisky – Sie meinen, Sie täten sich genussvoll etwas Gutes, und wachen hinterher mit einem jämmerlichen Kater auf.

Letztlich führt der Markt

Mich faszinieren am Optionsmarkt zwei Aspekte: seine Komplexität und die Strategien, die im Optionshandel zur Anwendung kommen. Besonders die Komplexität des Optionsmarktes hat es mir angetan.

Als Optionshändler treffen Sie nicht nur grundlegende Investmententscheidungen über Aktien und Märkte, sondern müssen außerdem verschiedene Dimensionen berücksichtigen: (1) den Zeitwertverlust bei Optionen, (2) das multiple Angebot an möglichen Optionsstrategien und (3) die elegante Polonaise, die sich aus dem Reigen der einzelnen Optionen und Aktien ergibt. Bei alldem muss ich die Regie führen – aber gerade darin liegt der Reiz.

Zugleich ist mir bewusst, dass es bei jedem Handelsgeschäft in erster Linie um Gewinne geht; entsprechend bereitet mir ein großer Teil meiner Bemühungen kein besonderes Vergnügen, verhilft mir aber immerhin zu einem gewissen Profit. Die Bewertung einer Option im Vergleich zu einer anderen ist nicht gerade das, was ich als absolutes Highlight bezeichnen würde, aber es muss sein. Das Aufrechnen der jeweiligen Deltafaktoren bei der Vielzahl eingegangener Long- und Short-Positionen und das Kombinieren all der Daten muss sein.

Und bei aller Mühe, die mich meine Optionsengagements kosten, zählt letztlich nichts mehr als die korrekte Einschätzung der Richtung, in die sich das Basisobjekt entwickeln wird.

Ein einfaches Beispiel dürfte reichen. Nehmen wir einmal an, ich will ein paar ungedeckte Puts auf die XYZ-Dideldum-Aktie verkaufen, weil sich das neue B2B-Dideldum-Produkt meiner Ansicht nach als Riesenglückstreffer erweisen wird und die Aktie somit unterbewertet ist. Ich analysiere sämtliche XYZ-Dideldum-Put-Optionen und finde schließlich eine, die unglaublich überbewertet ist.

Und deshalb verkaufe ich 10 XYZ-Dideldum-Oktober-35-Puts zu 3 Dollar zu einem Zeitpunkt, zu dem die Aktie bei 36 Dollar gehandelt wird und es bis zum Fälligkeitstermin nur noch drei Wochen hin sind.

Am nächsten Morgen verkündet das XYZ-Dideldum-Unternehmen, beim B2B-Dideldum-Produkt sei ein Detektor defekt; und daraufhin stürzt die Aktie auf 8 Dollar ab. Bei meinen XYZ-Dideldum-Oktober-35-Puts habe ich eine mächtige Dusche abbekommen.

Dabei habe ich sehr wohl die richtige Option verkauft. Die Oktober-35-Puts waren *im Vergleich zu anderen Verkaufsoptionen* überbewertet, aber ich habe schlicht den folgenden Fehler gemacht: Ich habe die Entwicklung der zugrunde liegenden Aktie völlig falsch eingeschätzt. Hätte ich sie richtig erkannt, hätte ich die stark überbewerteten Oktober-35-Puts besser *kaufen* sollen und dabei immer noch ein hübsches Sümmchen einstreichen können.

Der Erfolg im Optionsgeschäft steht und fällt mit der Bewegung des Wertpapiers, auf dem die Option basiert. Wenn Sie die richtig einschätzen, haben Sie gewonnen.

Höchst- und Tiefststände – ein Wink mit dem Zaunpfahl

Zuweilen verändert ein Ereignis die Investmentlandschaft für eine bestimmte Aktie, eine Branche oder einen Index – mit der Folge, dass das Basisobjekt zum Höhenflug ansetzt oder jäh abstürzt, je nachdem. Oft ist dann die große Stunde für den Optionsverkäufer gekommen.

Am besten halten Sie sich an diese Empfehlungen:

1. Ermitteln Sie den Höchst- beziehungsweise Tiefstwert und den Trend der Richtungsänderung. Vielleicht war eine überraschend erfolgte Gewinnwarnung der Auslöser, vielleicht aber auch ein genereller Marktzusammenbruch (oder eine Rallye) infolge eines grundlegenden Ereignisses wie beispielsweise Kriegsausbruch im ölreichen Mittleren Osten.

2. Suchen Sie nach einer Möglichkeit zum Verkauf einer kurzfristigen Option. Beispielsweise stoßen Sie auf einen Spitzenwert im Dingsbums-Index, ausgelöst durch eine Anordnung des Gewerbeaufsichtsamts (Occupational Safety & Health Administration, OSHA), das die Sicherheit des neuen Sound-so-Dingsbums-Produkts bemängelt und damit die ganze Branche in Aufruhr versetzt hat. Der Index fällt von einem Hoch mit 800 Punkten auf 775 Punkte ab. Damit hat sich das Spielfeld deutlich verändert. Das sagt Ihnen die Nachricht als solche (die Anordnung betrifft ein Problem, das sich nicht auf die Schnelle lösen lässt) und das sagt Ihnen auch der Kurssturz beim Index.

In Anbetracht der neuen, zurückhaltenderen Stimmung am Markt ist es sehr unwahrscheinlich, dass die Anleger den Dingsbums-Index auf noch höhere Werte als 800 treiben werden, zumal dieser 800er-Höchstwert in einer ausgesprochen optimistischen Marktstimmung erzielt wurde. So gesehen stellt das 800er-Hoch den oberen Grenzwert dar.

Die auf 30 Tage oder 60 Tage limitierte 800-Call-Option dürfte – verglichen mit den Gewinnchancen des Optionskäufers – eine zu hohe Prämie aufweisen. Deshalb rechnen Sie sich höhere Gewinnchancen als Optionsverkäufer aus und verkaufen einen 800-Index-Call mit einer Laufzeit von 30 Tagen. Ein solches Geschäft führt oft zum Erfolg, aber Sie müssen wirklich sicher sein, dass in der Tat ein Stimmungsumschwung stattgefunden hat.

Ein Preissturz bei der Optionsprämie macht sich binnen weniger Wochen nach dem Umschwung bemerkbar und dann können Sie die Position entweder glattstellen oder verfallen lassen.

Mathematisches Verständnis vorausgesetzt

Optionen sind für viele Anleger eine aufregende, faszinierende Sache. Die Aussicht auf Hebelwirkung und begrenztes Risiko (für den Käufer) bietet manch attraktive Gelegenheit für alle möglichen Strategien. Wenn dennoch so viele Investoren Geld an den Optionsmärkten verlieren, ist dies weitgehend darauf zurückzuführen, dass verkannt wird, wie der Optionsmarkt wirklich funktioniert.

Um am Optionsmarkt Erfolg zu haben, müssen Sie über solides mathematisches Grundwissen verfügen – einschließlich kumulativer Normalverteilungen bei der Optionspreisberechnung, impliziter Volatilitäten und asymmetrischer Parameter (wenn verschiedene Optionen auf ein und dieselbe Aktie auf unterschiedlichem Kursniveau gehandelt werden). Ein guter Optionshändler weiß, worum es geht: Er rechnet sich seine Chancen aus, bestimmt die mathematischen Wahrscheinlichkeiten von Kursbewegungen und kalkuliert die ständigem Wandel unterliegenden Aspekte des Optionsrisikos ein.

Wer mit solchen Konzepten Schwierigkeiten hat oder mathematische Zusammenhänge zu schwer, langweilig oder abartig findet, sollte dem wohlgemeinten Rat folgen und einen Bogen um Optionsstrategien machen. Sonst wäre es gerade so, als ob Sie eine Hypothek aushandeln möchten und keine Ahnung von Zinseszinsen haben.

Es ist kein Zufall, dass seriöse Optionshändler über ein ganzes Arsenal an höchst komplizierten Computerprogrammen und Berechnungsmodellen verfügen, die sie bei ihren Analysen heranziehen. Sobald Sie den Eindruck haben, dass Ihr Gegenüber seine Preise mit einem Computer berechnet, sollten Sie stutzig werden. Er muss nicht unbedingt Recht behalten, aber ich würde auch nicht unbedingt gegen ihn antreten wollen!

Put/Call-Ratio – ein Stimmungs-
indikator, mehr nicht

Über die Aussagekraft der Put/Call-Ratio ist im Lauf der Jahre viel geschrieben worden. Als antizyklischer Börsianer bin ich davon überzeugt, dass die Berechnung des Verhältnisses von Verkaufsoptionen und Kaufoptionen wichtige Marktinformationen liefern kann; allerdings muss ich eingestehen, dass diesbezüglich keine klaren Nachweise vorliegen.

Die Put/Call-Ratio lässt sich sehr einfach berechnen und dient zur Einschätzung der Marktstimmung. Man dividiert die Anzahl der im Umlauf befindlichen Verkaufskontrakte durch die Anzahl der im Umlauf befindlichen Kaufkontrakte und erhält damit einen Koeffizienten als Indikator. Nehmen wir beispielsweise an, wir hätten

13 000 Put-Kontrakte im Umlauf und
12 000 Call-Kontrakte im Umlauf.

In diesem Beispiel ermitteln wir einen Put/Call-Koeffizienten von 1,08 – auf je 100 umlaufende Kaufkontrakte kommen 108 umlaufende Verkaufskontrakte. Gelegentlich wird auch das umgekehrte Verhältnis berechnet: Man dividiert die Anzahl der Kaufoptionen durch die Anzahl der Verkaufsoptionen. In unserem Beispiel würden wir einen Put/Call-Koeffizienten von 0,92 ermitteln (auf je 100 umlaufende Kaufkontrakte kommen 92 umlaufende Verkaufskontrakte).

Die Theorie, die hinter dieser Put/Call-Ratio steckt, ist recht einfach. Man ermittelt auf diese Weise einen antizyklischen Indikator, aus dem abzuleiten ist, dass die Anleger immer mehr in Bullenstimmung kommen und darüber die Notwendigkeit außer Acht lassen, Verkaufsoptionen zum Schutz ihrer eingegangenen Positionen zu erwerben. Zugleich ist eine steigende Zahl der umlaufenden Kaufoptionen zu erwarten, wenn die Investoren in Erwartung eines Marktaufschwungs mit Kaufoptionen zu spekulieren beginnen. In einem solchen Fall ist mit einer rückläufigen Put/Call-Ratio zu rechnen:

11 500 Put-Kontrakte im Umlauf und
14 000 Call-Kontrakte im Umlauf.

Diese Optionsverteilung ergibt einen Put/Call-Koeffizienten von 0,82. Die wohl populärste Put/Call-Ratio wird für die an der Optionsbörse in Chicago (Chicago Board Options Exchange, CBOE) gehandelten S&P-100-Kontrakte ermittelt (unter der Bezeichnung OEX). Als eine der liquidesten Optionsserien auf einen umfassenden Marktindex bietet sich die OEX-Put/Call-Ratio insofern zur Berechnung an, als es nicht durch ein einziges großes Handelsgeschäft in Schieflage gebracht oder ganz aus der Wertung geworfen werden kann. Dieser Koeffizient wird in vielen finanztechnischen Veröffentlichungen, darunter auch *Barron's*, aufgeführt.

So weit, so gut. Die Theorie macht Sinn. Doch bevor Sie nun aus dem Haus stürzen, um sich umgehend Ihre *Barron's* zu besorgen und fortan den dort genannten Put/Call-Koeffizienten zu verfolgen, sollten Sie sich erst einmal anschauen, wie es sich mit der Put/Call-Ratio in der realen Welt verhält. Im Folgenden sehen Sie die wöchentlich berechneten OEX-Koeffizienten der letzten vier Wochen (mit Stand von heute):

1,11   1,54   0,81   1,14

In diesen letzten vier Wochen blieb der S&P 500 im Wesentlichen unverändert.

Ich kann wirklich nicht begreifen, wie man die Put/Call-Ratio, derart aus dem Kontext gerissen, als zuverlässiges Timing-Instrument einsetzen kann. Wie alle antizyklischen Indikatoren kann es bei einer besonders stark ausgeprägten Marktbewegung tief in überkauftes oder überverkauftes Marktterrain vordringen und Sie von

Ihrem Kurs abbringen. So könnte Ihre Put/Call-Ratio bei rückläufigen Put-Kontraktzahlen wie wild „Verkaufen" signalisieren, derweil der Markt unbeirrt seinem Aufwärtstrend folgt.

Meine beste Empfehlung für den Umgang mit der Put/Call-Ratio lautet: Behalten Sie sie im Auge. Schauen Sie sich den Koeffizienten jede Woche an. Informieren Sie sich kurz über den jüngsten Trend. Notieren Sie sich den Koeffizienten als sekundären Indikator im Hinterkopf, wenn Sie sich Ihre eigene Meinung zum Markt bilden. Die Put/Call-Ratio ist nur eines von vielen Puzzleteilchen – eine Monopolstellung kommt ihr nicht zu!

Jeder Trend gönnt Ihnen Verschnaufpausen

Fast alle Bücher, Broschüren und Informationsblätter zum Thema *Optionen* behaupten übereinstimmend: Der Verkauf ungedeckter Call-Optionen bedeutet unbegrenztes Risiko. Meiner Erfahrung nach trifft das nicht zu.

Auf den ersten Blick hat es tatsächlich den Anschein, als ob diese Strategie die Möglichkeit eines unbegrenzten Risikos birgt. Wie wäre es Ihnen wohl ergangen, wenn Sie zu früheren Zeiten ungedeckte Kaufoptionen auf eine Aktie wie die von Microsoft oder Cisco verkauft hätten? Hätten derartige Verluste Sie nicht ruiniert? Hätte der erbarmungslose Aufwärtstrend dieser Aktien nicht riesige Verluste bedeutet?

So gesehen müssten die Fragen bejaht werden. Doch bei näherem Hinsehen zeigt sich, dass das Verlustgeschäft doch nicht so unbegrenzt ist, wie man meinen könnte.

Zum einen lässt keine Aktie eine lineare Kursentwicklung erkennen. Keine Aktie steigt und steigt, ohne nicht auch mal Kurskorrekturen zu unterliegen. Und gerade bei solchen Korrekturen haben Sie die Möglichkeit, Ihre Position auszugleichen, andere Basispreise festzulegen und andere Aktien derselben Branche zu erwerben, um auf diese Weise Ihre eventuelle Schieflage zu korrigieren.

Im Jahr 1999 fasste ich den Entschluss, ungedeckte Call-Optionen auf vier Internetaktien für mein eigenes Portfolio zu verkaufen (diese Strategie würde ich niemals einem Klienten empfehlen). Man muss schon gute Nerven – oder nicht genug Verstand im Kopf – haben, um inmitten einer rasanten Bullenbewegung Kaufoptionen auf Aktien zu verkaufen, aber genau das tat ich. Ich war der Meinung, diese Aktien seien unrealistisch bewertet und würden irgendwann wieder auf den Boden der Tatsachen zurückkehren.

Mein Timing hätte nicht schlechter sein können. In dem Maße, wie die Internetaktien-Manie deren Kurse höher und höher trieb, stiegen allmählich die Verluste, einmal sogar auf über 100 000 Dollar. Nun waren diese Verluste in Anbetracht der Größenordnung meiner Geldanlage immer noch relativ tragbar, denn ich hatte mich an das erste Gallea'sche Gesetz gehalten: Halten Sie jede Position im Vergleich zu Ihrem Geschäftskapital stets relativ klein.

Als sich somit die Kaufoptionen zu meinem Nachteil entwickelten und tiefer und tiefer ins Geld gingen, entschied ich mich einfach für eine Fortschreibung. Also verlängerte ich eine Oktober-100-Call-Position auf eine ausgleichende Januar-110-Call-Position und wartete die weitere Entwicklung ab.

Als die Internetmanie schließlich erschlaffte, begannen auch die Internetaktien zu taumeln, eine nach der anderen. Natürlich war auch ich mittlerweile abgeschlafft, hatte ich mich doch fast ein Jahr lang mit diesen Positionen herumgeschlagen und nichts als Verluste und Ängste ausgestanden.

Doch mit den sinkenden Kursen wurden aus den roten Zahlen allmählich schwarze Zahlen, sodass ich alle Optionen, eine nach der anderen, mit Gewinn loswerden konnte. Ich bin der Erste, der hier zugibt, dass dies ein ganz dämliches Geschäft war. Ich hatte mich vor einen herandonnernden Zug geworfen und wurde prompt überrollt, und das nicht nur einmal, sondern Monat für Monat. Mein Timing war miserabel gewesen; ich hätte einfach bei einem 10-prozentigen Stop-Loss oder einer vergleichbaren Limitierung aussteigen sollen.

Manchmal sind vermutlich auch Sie hartnäckig. Ich jedenfalls bin manchmal sehr hartnäckig. In diesem Fall waren die Aktien so extrem überbewertet, dass ich mir ganz sicher war: Ich würde Recht behalten. (Ich hatte die Erträge und die Kurs-Gewinn-Multiplikatoren der Aktien für die nächsten 10 Jahre auf der Basis ihrer derzeitigen Wachstumsraten ausgerechnet.) Irgendwann musste doch die Vernunft siegen.

Was sie auch tat.

Und die Moral von der Geschichte? Also – auch ein Profi mit 20-jähriger Erfahrung kann unglaublich dumm und uneinsichtig sein. Aber da stand ich nun vor der historisch wohl dynamischsten Aufwärtsbewegung der Märkte des 20. Jahrhunderts, habe auf die (zuerst) falsche Richtung gesetzt – und kam doch noch mit einem Gewinn davon.

Der Verkauf ungedeckter Call-Positionen hat seine Risiken, aber die sind nicht unbegrenzt. Wenn Sie kleine Positionen eröffnen (und auch die nur bei extrem überbewerteten Aktien), können Sie überleben und letztlich sogar noch profitieren.

Abschließend sollte ich vielleicht ergänzen, dass ich in der Zeit, in der mir all dies widerfuhr, eine Menge anderer Aktien besaß und damit insgesamt durchaus Geld verdiente.

Nicht alle Eier in einen Korb legen

Im Gegensatz zu dem, was Sie normalerweise lesen, können Sie sich darauf verlassen, dass ein Verkäufer ungedeckter Put-Optionen kein „unbegrenztes Risiko" eingeht. Bei näherem Nachdenken entdecken wir eine andere Art von Risiko.

Wenn Sie Put-Optionen verkaufen, brauchen Sie nicht mit einem unbegrenzten Risiko zu rechnen. Vielmehr begrenzt sich Ihr Risiko auf den Preis der zugrunde liegenden Aktienposition. Nehmen wir an, Sie treten als „nackter" Verkäufer von fünf XYZ-Didelda-März-30-Puts auf und die XYZ-Didelda-Aktie wird derzeit bei 30 Dollar gehandelt. Sie erhalten 3 Dollar pro Option (insgesamt 1500 Dollar). In diesem Fall ist Ihr Risiko auf 13 500 Dollar begrenzt. Sinkt die XYZ-Didelda-Aktie auf null ab, wird die Verkaufsoption bei 30 Dollar pro Option gehandelt (15 000 Dollar). Wenn Sie davon die Optionsprämie (1500 Dollar) abziehen, die Sie als Verkäufer erhalten haben, ermitteln Sie einen potenziellen Verlust in Höhe von 13 5000 Dollar. Der Verlust ist nicht schön, aber auch nicht unbegrenzt.

Kaufoptionen haben eine anderes Risikoprofil. Während der potenzielle Verlust beim Verkauf einer Put-Position durch den auf null abgesackten Aktienkurs begrenzt wird, kann eine Aktie nach oben hin durchaus über die 100-Prozent-Marke steigen. Eine 40-Dollar-Aktie kann nicht unter null absinken (bei einem Verlust von 40 Dollar), aber sehr wohl weit über 40 Dollar hinaus steigen. Mit Verlusten beim Verkauf ungedeckter Call-Positionen ist daher ganz anders umzugehen, aber auch hier kann man kaum von unbegrenztem Risiko sprechen.

Erstens: Wenn Sie beim Verkauf von Call- und Put-Positionen für einen Ausgleich sorgen, profitieren Sie meist auf der einen oder der anderen Seite. Wenn beispielsweise der Markt einen Aufschwung erfährt und

Sie schlechterdings nur Verlustgeschäfte mit Ihren verkauften Kaufoptionen machen, erzielen Sie immer noch Gewinne mit Ihren Verkaufsoptionen, die Sie über Ihre Call-Verluste hinwegtrösten.

Zweitens: Investoren tendieren dazu, ein und dieselbe Kaufoption nicht immer wieder zu verkaufen, wie hoch der Verlust auch sein mag. Also werden Sie die leerverkaufte Call-Position vermutlich gar nicht lange genug halten, um einen Verlust von vielen Hundert Prozent hinnehmen zu müssen. Wenn Sie sich schlicht eine Regel setzen, die es Ihnen untersagt, innerhalb der nächsten sechs Monate eine weitere Kaufoption auf dieselbe Aktie zu verkaufen, können Sie solche sehr hohen Verluste von vornherein vermeiden – die Aktie braucht ihre Zeit, um wieder auf Touren zu kommen.

Und schließlich: Wenn Sie vernünftige Handelstechniken anwenden und nur kleine Positionen eingehen, wird selbst ein Short Call, der sich stark zu Ihrem Nachteil entwickelt, ein gut diversifiziertes Portfolio nicht dezimieren. Wenn Sie beispielsweise ein Portfolio mit einem Gesamtwert von 100 000 Dollar haben und den Verkauf von Kaufoptionen auf einen Kontrakt pro Aktie begrenzen, bedeutet eine steiler Anstieg der zugrunde liegenden Aktie von 30 Dollar auf 90 Dollar (ein höchst seltener Fall) einen Verlust von 6000 Dollar – und den werden Sie sicher dank Ihrer Gewinne bei anderen Positionen verschmerzen können.

Der Verkauf ungedeckter Optionen birgt ein reales Risiko. Als Verkäufer werden Sie unausweichlich von Zeit zu Zeit hohe Verluste hinnehmen müssen. Aber Sie müssen das im richtigen Kontext sehen. Die Verluste sind nicht unbegrenzt, sondern lassen sich weitgehend in Grenzen halten.

Auch hier zeigt sich, wie wichtig es ist, kleine Positionen einzugehen, um das Risiko zu streuen und große Verluste bei einer einzigen Position zu vermeiden.

Gleichen Sie Ihr Netto-Delta aus

Bei meinen Optionsverkäufen führe ich Tag für Tag detailliert Protokoll über meine Netto-Deltaposition. Wenn Sie ungedeckte Optionen verkaufen, setzen Sie auf zwei Konzepte, die in Kombination gute Erfolgschancen versprechen:

1. Der große Feind des Optionskäufers – der Zeitwertverlust der bezahlten Optionsprämie – wird Ihr Verbündeter.
2. Der Optionskäufer muss nicht nur die Richtung, sondern auch den Umfang der Bewegung richtig einschätzen.

Um die Chancen des Optionskäufers, der Sie seinerseits zu schlagen versucht, noch weiter zu reduzieren, sollten Sie sowohl Kaufoptionen als auch Verkaufsoptionen zu ungefähr gleichen Teilen verkaufen. Wenn Sie das tun *und* Ihr Portfolio hinreichend diversifiziert haben, stehen die Chancen für Sie recht gut, dass eine Seite der Gleichung wertlos verfällt. Sollten Sie Call- und Put-Positionen bei aufsteigendem Markt verkaufen, verlieren gewöhnlich Ihre Verkaufsoptionen an Wert. Umgekehrt verlieren Kaufoptionen bei einem Marktabschwung an Wert, sodass die Chancen für Sie steigen.

Und wenn Sie ganz sichergehen und mit Pistole und Garrote gleichzeitig arbeiten wollen, verkaufen Sie am besten Call- und Put-Optionen, die weit aus dem Geld notieren, weil Sie dann auf beiden Seiten auch dann profitieren können, wenn der Markt stagniert – was er zu 70 bis 80 Prozent der Zeit tut.

Entscheidend in diesem Zusammenhang ist, dass Sie Ihre Positionen nicht nur nach Maßgabe des verkauften Dollarbetrags, des Wertes der zugrunde liegenden Aktie beziehungsweise des zugrunde liegenden Indexes oder gar der Anzahl der leerverkauften Kontrakte bemessen.

Entscheidend ist, dass Sie auch den Deltafaktor für jede Ihrer Positionen messen, die Deltapunkte addieren und nach Möglichkeit dafür sorgen, dass der Gesamtwert der Deltapunkte für Ihre Short Puts dem Gesamtwert der Deltapunkte für Ihre Short Calls entspricht.

Wenn nun der Markt weiter steigt, erhöhen sich die Deltapunkte bei Ihren Call-Optionen, sodass Sie die Calls entweder zurückkaufen oder aber mehr Puts verkaufen müssen. Ich persönlich tendiere zum Verkauf weiterer Puts (was auch dem Handelstrend entspricht) und umgekehrt.

Allerdings ist dies keine exakte Wissenschaft. Wenn ich meine, dass der Markt einem Abwärtstrend folgt, versuche ich, mehr Kaufoptionen als Verkaufsoptionen zu verkaufen. Meine ich, dass sich der Markt in einem Aufschwung befindet, verlege ich den Schwerpunkt auf den Verkauf von Puts. Entwickelt sich der Markt dann in der von mir eingeschätzten Weise, liegt das Delta im Allgemeinen nahe null, aber ich habe mehr Prämien gegen die Marktentwicklung verkauft und verbessere damit meine Gewinne.

Sie können den Zusammenhang mithilfe eines einfachen Übersichtsdiagramms verfolgen. Wenn Sie das regelmäßig tun, gelingt es Ihnen, Ihre Optionspositionen ausgeglichen zu halten. Auf diese Weise realisieren Sie Ihre beiden ursprünglichen Konzepte: Zeitwertverlust der Prämie und die Tatsache, dass der Markt nicht nur in eine Bewegung schlechthin, sondern in eine starke Bewegung geraten muss, um Ihre Positionen zu Verlustgeschäften zu machen. Und denken Sie daran: Rund die Hälfte Ihrer Positionen wird dann trotzdem Profit bringen und Ihre Verluste somit mindern!

Viele Optionsverkäufer machen den Fehler, zu einseitig vorzugehen und entweder nur Calls oder nur Puts zu verkaufen. Wer das macht, tut so, als könne er die Richtung des Marktes bestimmen. Eine gute Strategie zum Verkauf von Optionen ist das nicht.

Alles, was recht ist ...

Ein weiterer Aspekt, der Ihnen in so gut wie jedem Optionsbuch und jeder Optionsanleitung nahe gebracht werden soll, ist das Konzept der Asymmetrie zwischen Optionspreis und Volatilität des Basisobjekts: Man will Sie ermutigen, nach solchen Optionen Ausschau zu halten, deren Preisbildung *nicht* der Volatilität des Basisobjekts entspricht. Sie sollen außerdem Optionen kaufen oder verkaufen, deren implizite Volatilität *nicht* derjenigen anderer Optionen auf dieselbe Aktie entspricht. Dann nämlich müssten Sie die Prämie kassieren können, sobald die Volatilität auf ihr Normalmaß zurückkehrt.

Theoretisch macht das durchaus Sinn. In der Praxis aber sollten Sie Ihre Zeit besser dafür nutzen, das richtige Wertpapier oder den richtigen Index für Ihre Verkaufsgeschäfte ausfindig zu machen. Dafür sprechen die folgenden fünf Gründe:

Erstens hat die Entwicklung leicht zugänglicher, mit hoher Geschwindigkeit und in Echtzeit arbeitender Suchmaschinen dazu geführt, dass Optionshändler mittlerweile höchst effizient bei der Ermittlung von Ungleichgewichten vorgehen und diese durch entsprechende Verkäufe oder Käufe schnell wieder ausgleichen.

Zweitens meine ich, dass Sie schon viele (mindestens 10) Kontrakte verkaufen beziehungsweise kaufen müssen, um derart kleine Differenzen zu Ihrem Vorteil nutzen zu können.

Drittens weisen solche Optionen häufig eine große Spanne zwischen Geld- und Briefkurs auf, und die Volatilitätsgleichung basiert auf Preisen, die Sie vermutlich nicht erzielen können.

Viertens stammen Optionskommentare gewöhnlich von Analysten, die am institutionellen Anlegermarkt arbeiten, wo zu niedrigeren Provisionen und mit größeren Volumina von 50 oder mehr Kontrakten gehandelt wird.

Fünftens schließlich sind die meisten Optionen volatilitätsangemessen bewertet, sodass sich die Gelegenheit zu einschlägigen Geschäften ohnehin relativ selten bietet.

Denken Sie immer daran, dass Sie nur beschränkt Zeit für die Analyse und Realisierung Ihrer Optionsideen haben, sodass Sie möglichst effizient agieren müssen. Ihr Bemühen, eine asymmetrisch bewertete Option ausfindig zu machen, in allen Ehren, aber viel wichtiger ist, dass Sie die allgemeine Richtung der Wertpapier- oder Indexentwicklung richtig einschätzen. Wenn sich das Wertpapier in der von Ihnen antizipierten Richtung bewegt, ist die Veränderung des Optionswerts infolge der Bewegung des zugrunde liegenden Wertpapiers weitaus stärker ausgeprägt als jede volatilitätsbezogene Wertveränderung.

Ich kenne viele Händler, die sich als erfolgreiche Optionsverkäufer hervorgetan haben. Sie konzentrieren sich zumeist auf die Auswahl des richtigen Wertpapiers.

Und noch eines: Wenn eine Option unangemessen bewertet erscheint, gibt es vermutlich einen Grund dafür. Vielleicht können Sie den Zusammenhang nicht gleich durchschauen, aber zweifellos werden Sie dahinter kommen, wenn Sie die Position eingegangen sind und sie sich günstig entwickelt. Meiner Erfahrung nach ist der Preis für dieses „Expertenwissen" oft zu hoch.

Ihr Risiko muss sich lohnen

Wenn Sie die Ergebnisse Ihrer Optionsverkäufe maximieren wollen, müssen Sie die Prämie, die Sie einnehmen, mit dem Betrag, den Sie Ihrer Bank/Ihrem Broker als Sicherheitsleistung hinterlegen müssen, vergleichen.

Beispielsweise sind Sie am Verkauf von zwei Kaufoptionen interessiert: Es handelt sich um Index-Call-Positionen mit 30 Tagen Laufzeit. Die eine bringt eine Prämie von 1000 Dollar und fordert eine Sicherheitsleistung von 30 000 Dollar; bei der anderen beträgt die Prämie 1500 Dollar und die Sicherheitsleistung 40 000 Dollar. Für welche der beiden Optionen entscheiden Sie sich?

Die 1000-Dollar-Prämie entspricht einer rund 3,3-prozentigen Rendite auf den Sicherheitsbetrag für 30 Tage beziehungsweise 40 Prozent Rendite aufs Jahr gesehen. Bei der Prämie von 1500 Dollar ergibt sich eine Rendite von 3,75 Prozent für die 30-tägige Laufzeit beziehungsweise 45 Prozent im Jahr. Unter sonst gleich bleibenden Bedingungen entscheiden Sie sich für das Geschäft mit der 1500-Dollar-Prämie.

Da minimale Sicherheitsleistungen unabhängig davon verlangt werden, wie weit die Option aus dem Geld notiert, hilft Ihnen diese Kalkulation, scheinbar risikofreie Verkaufsgeschäfte mit Optionsspitzen zu vermeiden und stattdessen substanziellere Transaktionen vorzunehmen. Es kann nicht oft genug darauf hingewiesen werden, dass eine Strategie, die auf den Verkauf von Optionsspitzen abzielt, im Lauf der Zeit zu gelegentlichen, dafür aber sehr hohen und unerwarteten Verlusten führen kann.

Als Faustregel gilt: Streben Sie bei jedem Optionsgeschäft ein aufs Jahr gesehen 50- bis 100-prozentiges Gewinnpotenzial an. Verluste, Provisionen und Geld/Brief-Mehrkosten abgerechnet, müssten Sie auf eine vernünftige Rendite für Ihr Risiko kommen – etwa 20 bis 35 Prozent im Jahr.

Optionen sind kein Muss

Für den Durchschnittsanleger sind Optionen das eingegangene Risiko nicht wert. An die 70 Prozent aller
Optionen verfallen wertlos; und Optionen sind teuer
wegen der damit verbundenen Zeitwertprämie. Der
Zeithorizont bei Optionen ist begrenzt – was nichts
anderes bedeutet, als dass ein langfristiges Investmenten-
gagement gar nicht möglich ist. Und Spekulieren heißt
letztlich, dass Sie kein effektives Risikomanagement
betreiben. Auch Rohstoffe weisen viele dieser Merkmale
auf und können den Anleger potenziell ruinieren (im
Sinne eines Bankrotts), wenn er sich bei seinen Geschäften auf die Hebelwirkung verlässt. Dennoch – für
Spekulanten haben Optionen gewisse unbestreitbare
Vorteile.

9

Gewinn und Verlust

Wer nicht wagt, der nicht gewinnt

Es ist nicht alles Gold, was glänzt

Nur zu gern zählt der Anleger seine Buchgewinne. Er geht ein Engagement ein, und wenn dieses auf der Gewinnstraße fährt, zählt er, was er verdient hat. „Ich habe 2000 Dollar abgesahnt", redet er sich so lange ein, bis er es schließlich selbst glaubt. Es könnte ein fataler Irrtum sein.

In den Jahren 2000 und 2001 kamen Geschichten über Dotcom-Millionäre ans Licht, die angesichts üppiger Papiergewinne Kredite auf ihre Wertpapierpositionen aufgenommen hatten, um damit große Villen, Flugzeuge und Boote zu finanzieren. Als ihre Aktien abstürzten und das Beleihungsverhältnis nicht mehr stimmte, verlangte die Bank oder die Brokerfirma zusätzliche Sicherheiten. Oftmals mussten sie ihre Papiere zu Schleuderkursen verkaufen, um die Zeche bezahlen zu können.

So gut diese Investoren ihre Unternehmen auch kannten, einen 80- oder 90-prozentigen Kurseinbruch konnten sie sich einfach nicht vorstellen. Sie verwechselten Papiergewinne mit echten Gewinnen.

Dabei hat man einen Gewinn nicht eher in der Tasche, als bis die Position geschlossen ist. Bis dahin ist alles Illusion, nichts als ein Phantom. Der Papiergewinn von heute kann der Verlust von morgen sein. Angesichts der Gnadenlosigkeit unserer heutigen Wertpapiermärkte, die nichts Ungewöhnliches darin sehen, wenn Aktien an einem einzigen Vormittag um 50 Prozent einbrechen, sollte es wohl niemandem von uns einfallen, sein Geld zu zählen, bevor es nicht wirklich in der Kasse geklingelt hat.

Ein guter Geschäftsmann weiß das. Er ist erst zufrieden, wenn er seinen Verkaufserlös schwarz auf weiß auf seinem Bankkonto sieht. Er weiß, dass zwischen Verkauf und Bezahlung viele Dinge schief laufen können. Genauso ist es an der Börse. Wenn Sie Ihre Anlagestrategie auf Papiergewinne und nichtrealisierte Gewinne gründen, gehen Sie irgendwann mehr Risiken ein, als Ihnen gut tut. Ob Sie diesen Buchgewinn als Sicherheit für einen Kredit einsetzen oder mit ihm Ihr Risikoprofil wegen eines neuen und größeren Wertpapierengagements erhöhen – es ist allergrößte Vorsicht geboten.

Wenn Sie die ABC-Dingsda-Aktie zu 10 Dollar kaufen und sie steigt auf 15 Dollar, haben Sie die 5 Dollar Gewinn erst dann gemacht, wenn Sie das Papier verkauft haben und die Transaktion abgeschlossen ist. Bis dahin hat Ihr Wertpapier nur Papierwert.

Es zählt, was wirklich hängen bleibt

Ihre *effektive Rendite* ist der Prozentsatz Ihres eingesetzten Kapitals, der Ihnen über die Inflationsrate hinaus unter dem Strich übrig bleibt. Nichts ist leichter, als sich über die wahre Höhe der Rendite in die Tasche zu lügen.

Nehmen wir an, Sie hätten [innerhalb der Spekulationsfrist; Anm. d. Übers.] kurzfristige Kapitalerträge von 10 Prozent und die Teuerungsrate sei 3 Prozent:

▲ Zunächst müssen Sie von Ihren Erträgen 50 Prozent für Steuern abziehen.

▲ Dann müssen Sie den Rest noch um die Inflationsrate kürzen, womit Ihnen netto eine Rendite von 2 Prozent bleibt.

2 Prozent hören sich lange nicht so gut an wie 10 Prozent. Die ganze Arbeit für lausige 2 Prozent? Richtig. Und das zeigt einmal mehr, dass für viele Börsianer das Investieren nicht ein Mittel zum Geldverdienen als vielmehr ein vergnügliches Hobby ist. Für eine effektive Rendite dieser Größenordnung täten Sie wahrscheinlich besser daran, Ihr Portfolio an einen Index zu koppeln und sich auf den langfristigen Kapitalerträgen auszuruhen, mit denen Sie im Laufe der Zeit jene Rendite etwas aufbessern.

Das ist zwar nicht so unterhaltsam, aber für manch einen wahrscheinlich profitabler.

Der kluge Mensch baut vor

Dieser Gedanke ist so simpel, dass er nur zu leicht übersehen wird. Dabei stehen Ihnen als Anleger jede Menge Widrigkeiten im Wege. Gewinne werden aufgefressen von Geld/Brief-Spannen, Steuern, Provisionen, schlechten Anlageentscheidungen, zu frühen Verkäufen, zu späten Käufen, zu langem Warten, zu wenig Geduld, von der Grippe oder vom Urlaub. All dies knabbert auf Dauer an Ihrem Erfolg. Jedes für sich genommen mag eine Lappalie sein. Schließlich sollte jeder einmal die Schotten dicht machen und für eine Woche ans Meer fahren dürfen!

Doch auf lange Sicht gesehen fressen sie Ihren Gewinn auf wie der Holzwurm die Balken Ihres Hauses.

Gegen diese Schwindsucht Ihrer Performance müssen Sie jede erdenkliche Vorsorge treffen. Bauen Sie jede Menge kleiner Sicherungen ein, die Ihrem Portfolio und Ihrer Performance zuträglich sind.

Beispielsweise ist der Steuersatz auf langfristige Kapitalerträge halb so hoch wie auf kurzfristige. [Anm. d. Übers.: In Deutschland fallen auf Kursgewinne nach Ablauf der 12-monatigen Spekulationsfrist gar keine Steuern mehr an.] Streben Sie grundsätzlich langfristige Gewinne an und Ihre Steuern reduzieren sich um die Hälfte. Wenn Sie feststellen, dass durch Ihre Aktivitäten die Gebühren aus dem Ruder laufen, erlegen Sie sich mehr Disziplin auf und fahren Sie die Anzahl der Transaktionen zurück. Wenn Sie in Optionen handeln, legen Sie Ihren Urlaub nicht auf den dritten Freitag des Verfallsmonats – Sie könnten gezwungen sein, Positionen glattzustellen, anstatt in Ruhe abzuwarten, dass sie wertlos verfallen. Wer an der Warenbörse handelt, sollte Ein- und Ausstiege mit höchster Umsicht wählen.

Kurz gesagt, Sie müssen vorbauen. Kosten sparen, Steuern verringern und überlegt entscheiden – alles Gewohnheiten, die Ihnen das Börsenleben erleichtern.

Auch Buchverluste sind Verluste

Machen Sie sich klar, was ein Verlust ist. Oft ist es doch so: Solange sie nicht verkaufen, registrieren viele Anleger gar nicht, dass sie eigentlich einen Verlust gemacht haben. Welch ein Irrtum. Verluste auf dem Papier sind dennoch Verluste, umso mehr, als sie noch anwachsen können, da der Aderlass ja nicht gestoppt worden ist. Dieses Verschließen der Augen vor der Realität ist ein Paradebeispiel dafür, welche Rolle die Psychologie beim Geldanlegen spielt.

Ein Papier mit Verlust zu verkaufen heißt, sich einen Fehler einzugestehen. Das schmerzt, aber noch mehr schmerzt doch wohl, anderswo Gewinnchancen zu verpassen oder gar noch mehr zu verlieren.

Der erste Verlust ist der billigste

Dies ist *die* Investment-Binsenweisheit schlechthin, Schlüssel und Fundament jedes Portfoliomanagements. Sie erklärt, warum wir für unsere Wertpapierpositionen automatische Verkaufsorders (stop loss limits) einrichten. Und sie sollte uns auch veranlassen zu überlegen, ob es nicht besser ist, sich von einer Position zu trennen.

Es könnte nämlich sein, dass die Liquidierung einer Position mit geringem Verlust das kleinere Übel ist und Ihnen nur sehr wenig Strafzoll abverlangt. Hier ein Rechenexempel. Angenommen, Sie haben ein Wertpapierdepot über 100 000 Dollar und Ihre Short-Position in XYZ Dideldum hat sich (wegen der Einführung des neuen Dideldum-Produkts, eines sportlichen Flitzers) mit einem 500-Dollar-Verlust zu Ihren Ungunsten entwickelt, so macht sich dieser Verlust, bezogen auf Ihr Gesamtportfolio, wenig bemerkbar.

Was soll's, Sie haben sich eben geirrt. Sie zahlen Ihre 500 Dollar Lehrgeld an Mister Market und steigen aus. Machen Sie weiter, kann zweierlei passieren: Entweder der Verlust vergrößert sich oder er verwandelt sich in Gewinn.

Die größere Wahrscheinlichkeit ist meistens, dass sich der Verlust ausweitet. Wenn Sie also Anlagemöglichkeiten suchen, die künftig Verluste einfahren, halten Sie sich an solche, die sich derzeit auf der Verluststraße befinden oder deren Wert schon länger erodiert. Umgekehrt aber, wenn Sie profitable Anlagemöglichkeiten vorziehen, sehen Sie sich nach solchen um, die im Wert gestiegen sind.

Wenn der Leerverkauf von XYZ Dideldum ein Reinfall war, ist mit einer Wahrscheinlichkeit von mehr als 50 Prozent mit einem weiteren Reinfall zu rechnen (Trends tendieren dazu, sich fortzusetzen). Die Wetten auf eine Kehrtwende Ihrer Position stehen niedriger als 50 zu 50.

Die zweite Möglichkeit, nämlich die Vergrößerung des Verlusts, hat somit die besseren Chancen. Ein in

Bewegung befindlicher Körper tendiert dazu, in Bewegung zu bleiben. Sobald Ihnen eine einmal eröffnete Position gleich zu Anfang Verluste beschert, sollten Sie auf jeden Fall erwägen, sich von dem Engagement zu trennen und anderswo Ihre Fühler auszustrecken.

Aber, werden Sie fragen, bei welchem Verlust sollte ich aussteigen? Meiner Ansicht markiert ein 25-Prozent-Verlust den Punkt, an dem es vernünftig ist, sich von einer Position zu verabschieden. Bei weniger als 25 Prozent könnten Sie leicht das Opfer kleiner, nickeliger Kursschwankungen werden. Mehr als 25 Prozent signalisieren, dass eine schlechte Anlage womöglich noch schlechter wird.

Wenn Sie eine 3-prozentige Position eröffnen und diese 25 Prozent verliert, beläuft sich der Gesamtverlust Ihres Portfolios auf 0,75 Prozent. Sie können eine Menge Einbußen dieser Größenordnung verschmerzen und gleichzeitig kostbares Kapital freisetzen, um es in bessere Geldanlagen zu investieren.

Wer sich seine Verlustlimits im Kopf setzt, muss die nötige Disziplin aufbringen, um sich auch daran zu halten. Aber ich glaube, dass für die meisten von uns automatische Limits besser als mentale sind, obwohl ich mir bewusst bin, dass auch sie ihre Kehrseiten haben:

▲ Wenn eine Marktkorrektur auf breiter Front einsetzt, besteht die Gefahr, dass Sie einen großen Batzen Ihres Portfolios bereits verkauft haben.
▲ Wenn Sie ein volatiles Papier besitzen und das Verlustlimit nicht weit genug abgesteckt haben, kann es passieren, dass Ihnen das Papier im Laufe der normalen Tagesfluktuation abhanden kommt.

Verlustbegrenzung verlangt Disziplin. Sie gehört zum Schwierigsten, was es in der Kunst des Geldanlegens zu erlernen gibt. Wie Sie sehen, hat selbst eine automatische Verlustbegrenzung ihre Tücken. Je tiefer Sie in das Thema des Umgangs mit Verlusten eintauchen, desto stärker werden Ihnen die Untiefen des Geschäfts bewusst. Vielleicht meinen Sie sogar, alles sei ohnehin vergebliche Liebesmüh.

Doch dem ist nicht so. Wenn Sie Verluste lang genug studieren, wird Ihnen klar werden, welch große Weisheit in der Maxime „Der erste Verlust ist der billigste" steckt. Sie werden erkennen, dass es mangels einer überzeugenden Antwort auf die Frage, wann ein Verlust begrenzt werden soll, ratsam ist, sich auf kleine Verluste zu beschränken.

Machen Sie nicht denselben Fehler zweimal

Das Laufenlassen von Verlusten verursacht außerdem versteckte Kosten, so genannte *Opportunitätskosten* (potenziell entgangene Gewinne aus einer alternativen Kapitalanlage, weil die Mittel in einem Verlustbringer gebunden waren). Würden Sie ein Verlustpapier „versilbern", könnten Sie das frei werdende Geld in einen potenziellen Gewinner investieren. Anders ausgedrückt: Natürlich bedeutet ein Wertpapierverlust, dass Sie Kapital eingebüßt haben. Aber damit nicht genug. Der Verlust ist in Wirklichkeit noch größer, denn Sie hätten mit dem Geld, das Sie in das Papier A (den Verlierer) gesteckt haben, das Papier B (einen Gewinner) kaufen können. An einer Niete festzuhalten heißt im Grunde, denselben Fehler ein zweites Mal zu machen. Wer will das schon?

Werfen Sie nicht schlechtem Geld gutes hinterher

Die Versuchung ist groß, mit einer Aktie, an die Sie fest glauben, noch einmal in den Ring zu steigen, selbst dann, wenn sie Ihnen argen Kummer bereitet hat. In manchen Fällen mag dieser Wunsch berechtigt sein. Aber unser Ansatz der Vermögensanlage, der den Kapitalerhalt an die allererste Stelle setzt, hätte Sie durch ein Stop-Loss wahrscheinlich schon längst von Ihrem Verlustbringer befreit. Generell sollten Sie nur nachkaufen, wenn beim zweiten Kauf der Preis *höher* ist als beim ersten. Mister Market sagt Ihnen, dass sie auf der richtigen Fährte sind.

Verluste sind des Börsianers Lehrgeld

Der Markt nimmt Sie in die Schule. Er erteilt Ihnen Lektionen. Manchmal ist die Schule, durch die Sie gehen, ganz schön hart. Manche Fächer sind leicht, manche sind schwer. Es gibt auch schon einmal einen Anlegerschüler, der ist störrisch und weigert sich zu lernen. Dann schickt der Markt ihn hinaus zum Üben, knöpft ihm noch etwas mehr Schulgeld ab und versucht erneut, ihm etwas beizubringen.

Der Markt ist ein hervorragender Lehrer. Er ist ein Muster an Geduld. Er kann warten und warten und nochmals warten. Er hat keine Eile, seine Schüler bis zur Reifeprüfung zu führen. Im Gegenteil, er hätte nichts dagegen, sie so lange wie irgend möglich in der Schule zu behalten und ihnen die ganze Zeit dafür, dass sie aus ihren Fehlern lernen, Schulgeld abzuverlangen.

In die Schule des Marktes können Sie nicht gehen, ohne dafür Lehrgeld zu bezahlen. Je nachdem, wie schnell Sie lernen, fällt die Rechnung hoch oder niedrig aus. Sie werden entweder einmal im Jahr richtig zur Kasse gebeten oder Sie werden langsam, Woche für Woche, geschröpft.

Wie dem auch sei, diese Verluste – diese Lektionen – sind Ihr Lehrgeld. Wenn Sie eine angesehene Universität besuchen und dort Ihr Examen machen, kostet das viel Geld. Ehrlich gesagt, wenn ich zusammenzählte, was ich an Lehrgeld bezahlt habe, ich glaube, es würde bei weitem die Kosten für ein erstklassiges Studium übersteigen. Betrachten Sie Ihren nächsten Verlust als Lehrgeld. Das hat den Vorteil, dass Sie sich mehr darauf verlegen, Lehren aus Ihren Erfahrungen zu ziehen, anstatt ausschließlich Ihrem Ärger Luft zu machen. Nur so lernen Sie.

Der Markt hört nie auf, Ihnen einen Tribut abzuverlangen. Im Grunde erreichen Sie Ihr Klassenziel nie. Zwar werden die Rechnungen, die der Markt Ihnen präsentiert, immer niedriger, je mehr Wissen Sie erwerben und je sicherer Sie in Ihrer Anlagetechnik werden. Aber das Lernen an der Börse bleibt ein lebenslanger Prozess. Er gleicht einer Universität ohne akademische Würden, ohne feierliche Abschlusszeremonie. Irgendwann einmal werden Sie wissen, wann Sie angekommen sind, wann Sie den Durchblick haben. Aber selbst dann noch verpasst Ihnen der Markt von Zeit zu Zeit eine Tracht Prügel. Ziehen Sie Ihre Lehren daraus!

Nach herben Verlusten kleinere Brötchen backen

Erfolgreiches Spekulieren setzt voraus, dass Sie emotional im Lot sind. Ihre Fähigkeit, klar zu denken und nüchtern zu urteilen, muss in Topform sein. Klares Denken läutert negative Gedanken und Emotionen – etwa die Versuchung, Erlittenes heimzuzahlen, Rache zu nehmen oder dem Markt die Muskeln zu zeigen.

Bei einer Verluststrähne kann es nicht ausbleiben, dass Ihr Gleichgewicht mehr oder weniger ins Wanken gerät. Dinge, die nicht gut laufen, können Frustrationen und Ärger hervorrufen – nicht die allerbeste Voraussetzung für Ihre Börsenaktivitäten. Schlimmer noch, in solchen Zeiten hat Ihr Selbstvertrauen wahrscheinlich Prügel bezogen – vielleicht sogar eine gehörige Tracht Prügel. Wenn das Selbstvertrauen am Boden liegt, ist es noch schwieriger als ohnehin schon, richtig und mit der nötigen Urteilskraft zu agieren. Sie beginnen, an Ihrem Anlagestil oder Ihrem Handelssystem zu zweifeln, und neigen dazu, sich durch hektisches Handeln oder größere Engagements zu übernehmen.

Wenn Sie merken, dass Sie von solchen Gefühlen heimgesucht werden, gibt es wirklich nur eine Lösung: Fangen Sie wieder klein an. Was ich mit „klein anfangen" meine? Wenn Ihr normales Engagement 20 000 Dollar pro Aktie ist, steigen Sie jetzt stattdessen mit 5000 Dollar ein. Wenn Sie normalerweise fünf Getreidekontrakte kaufen oder verkaufen, handeln Sie jetzt nur mit zweien. Wenn Sie generell drei ungedeckte Call-Positionen verkaufen, beschränken Sie sich auf eine.

Durch kleinere Engagements reduzieren Sie Ihre Versagensängste und verschaffen sich eine kleine Verschnaufpause, um wieder in Form zu kommen. Eigentlich sind diese kleineren Positionen wie Übungsschläge beim Golfen – sie bringen Sie so richtig in Schwung.

Die eleganteste Art des kleinen Engagements bestünde darin, für eine kleine Weile den Handel ganz einzustellen, sich eine Pause zu gönnen. Erfahrungsgemäß fällt das allerdings sehr schwer, denn nach einer Verluststrähne juckt es in den Fingern, Verlorenes so schnell wie möglich wieder wettzumachen. Mit kleineren Positionen zu handeln ist daher wahrscheinlich realistischer, als vorübergehend ganz auszusetzen.

Sobald Ihre kleineren Engagements die ersten Gewinne aufweisen, steigen mit Ihrem Gewinnprofil auch Ihr Selbstvertrauen und Ihr Selbstwertgefühl. Dann *und nur dann* sollten Sie zu Ihren normalen Positionen zurückkehren.

Eine Mahnung: Sollten Sie nach einem bestimmten System handeln und in eine Pechsträhne geraten sein, ist es vernünftig und ratsam, dem einmal gewählten System treu zu bleiben. Das erste Gallea'sche Gesetz des Systemhandels lautet: Das gerade aufgegebene System hätte, wäre man dabei geblieben, super funktioniert! Die Marktbedingungen, die die Ursache dafür waren, dass Ihr System nicht mehr klappte, waren zweifellos vorübergehender Natur, und auf sie werden Bedingungen folgen, die exzellente Gewinnmöglichkeiten versprechen.

Dennoch sollten Sie behutsam und nett mit sich umgehen. Wenn etwas nicht nach Ihrem Geschmack gelaufen ist und Sie sich deprimiert fühlen, fahren Sie Ihre Positionen zurück und begeben sich in ruhigeres Fahrwasser. Machen Sie einfach weiter mit Ihren Übungsschwüngen, bis Sie wieder zielsicherer werden und den Ball treffen. Es wirkt wahre Wunder – Ihre durchschnittliche Schlagleistung wird sich sehen lassen können.

Sondieren Sie das Schlachtfeld

Unterziehen Sie all Ihre Börsengeschäfte einer kritischen Bilanz. Was haben Sie richtig gemacht? Was falsch? Sehen Sie sich Ihre Gewinner an. Was hätten Sie besser machen können? Wo hätten Sie Ihre Technik verbessern können? Was hat Sie bei Ihren Käufen und Verkäufen beeinflusst? Waren diese Einflussfaktoren zutreffend? Haben Sie relevante Daten ignoriert? Haben Sie Ihre Risikoregeln beachtet und nicht gegen sie verstoßen?

Nach dem Blick auf Ihre Gewinner schauen Sie sich Ihre Verlierer an. Was hat den Verlust verursacht? War die Anlage von Anfang an mies oder hat sie sich erst später verschlechtert? Haben Sie zu früh oder zu spät verkauft? Stellen Sie dieselben Fragen an Ihre Verlierer wie an Ihre Gewinner: Risikoregeln, relevante Daten und so weiter.

Ich habe im Laufe der Jahre festgestellt, dass ich mit einer solchen Nachlese nichts anderes tue als Ihr Golf-pro, der Ihre Golfschläge auf Video aufnimmt, sie analysiert und dann zu Ihnen kommt, um Ihre Fehler und Schwächen zu korrigieren. Und tatsächlich werden Ihre Schwünge allmählich besser. Leider ist das im Bereich des Geldanlegens leichter gesagt als getan. Wir alle ziehen es vor, Hals über Kopf weiterzumachen und eiligst auf einen Gewinner zu setzen, um einen Verlierer wettzumachen. Dabei können wir unsere Zeit nicht besser nutzen, als wenn wir uns unsere früheren Aktionen ansehen und sie uns in Zeitlupe abspielen lassen.

Für mich entdeckte ich bei dieser Rückschau, dass ich mit meinen Käufen meistens zu früh war – oft Monate zu früh. Es lehrte mich, den Kauf einer Geldanlage, zu der ich mir eine Meinung und Strategie zurechtgelegt hatte, zunächst einmal aufzuschieben. Zum Beispiel passierte es mir einmal, dass eine bestimmte Aktie abstürzte und ich (von Natur aus ein „Gegentrendler") gute Argumente dafür finden konnte, warum es mit der Aktie wieder aufwärts gehen würde. Aber während ich auf die künftige Wende konzentriert war, verdonnerte Mister Market die Aktie dazu, noch einige Zeit als totes Kapital oder als Scheinausbruch mit weiteren Verlusten vor einer endgültigen Bodenbildung zu verbringen. Den Zeitsprung in meinem Denken habe ich noch nicht ganz gelöst und, um ehrlich zu sein, werde ihn wohl auch nie ganz lösen können. Der Markt lässt sich nicht so leicht in die Karten blicken, aber immer öfter gelingt es mir, bei meinen Übungsschwüngen den linken Arm gerade zu halten und den Kopf nicht zu sehr anzuheben.

Beginnen Sie noch heute mit dem Sondieren Ihres Schlachtfeldes. Schauen Sie sich die abgeschlossenen Börsentransaktionen dieses Jahres an und analysieren Sie. Lassen Sie sie in Zeitlupe an sich vorbeiziehen. Wie bewegt sich Ihr Kopf? Wie halten Sie den Schläger? Wie holen Sie aus? Sie glauben gar nicht, was Sie alles sehen und lernen können.

10

Psychologie

Es beginnt alles im Kopf

Selbsterkenntnis angesagt

Jedes Mal, wenn wir mit einem potenziellen Kunden zusammensitzen und über unseren Service sprechen, befragen wir ihn zu seiner Risikobereitschaft. Da viele unserer Besucher Schwierigkeiten haben, sich einen prozentualen Verlust vorzustellen (er ist ihnen zu abstrakt und irreal), fragen wir sie ganz konkret, welchen Dollarverlust sie bereit sind zu ertragen.

„Mr. Jones, was würde es für Sie bedeuten, wenn Sie von Ihrem 1-Million-Dollar-Portfolio 200 000 Dollar verlören? Wäre ein solcher Verlust für Sie akzeptabel?"

Meistens ist die erste Antwort des Befragten falsch. Da niemand als Waschlappen oder Schwächling gelten möchte, bekennen sich die meisten zu einer höheren Risikotoleranz, als sie tatsächlich besitzen. Wenn wir nach der ersten Antwort noch einmal nachhaken („Sie sagen also, dass Sie bereit sind, bei einer Börsenflaute 200 000 Dollar zu riskieren. Sind Sie ganz sicher?"), ändern drei Viertel von ihnen ihre Meinung.

Es hat mir gezeigt, dass die Anleger bezüglich ihrer Risikobereitschaft nicht ganz ehrlich sind oder sich ihrer nicht in vollem Umfang bewusst sind. Dies wiederum verleitet viele dazu, größere Risiken einzugehen, als ihnen gut tut, und die natürliche Folge ist, dass sie sich gänzlich vom Markt zurückziehen (Fluchtverhalten als Reaktion auf Furcht).

Wie bei anderen Aspekten des Geldanlegens reden die Emotionen auch ein gewichtiges Wörtchen mit, wenn es um das Funktionieren oder Nichtfunktionieren der gewählten Methode geht. Die Erkenntnis, dass Ihre Gefühle Sie oft an der Nase herumführen, sollte Ihnen helfen, die negativen Auswirkungen einer emotionalen Reaktion auf Geschehnisse an der Börse so gering wie möglich zu halten. Im Idealfall sollte natürlich Ihren Emotionen überhaupt keine Mitsprache gestattet sein. Machen Sie den Anfang, indem Sie Ihre Risikotoleranz genau einschätzen. Vermeiden Sie, sich jenseits der Grenzen Ihrer Risikobereitschaft auf die Probe zu stellen. Nur so halten Sie die Angst aus dem Spiel, was Ihren Börsenaktivitäten nur zugute kommen kann.

Alles eine Frage der Interpretation

Schauen Sie sich ein x-beliebiges Aktien- oder Index-chart an. Was sehen Sie? Wie auch immer es gestaltet ist (Point & Figure, Balken, Candlestick etc.), das Diagramm zeigt Ihnen in einer Reihe von Datenpunkten und Linien die jüngste Kursentwicklung. Egal wie lange Sie darauf starren, die Formation des Charts ändert sich nicht. Sie ist für alle Betrachter gleich.

Das Prognostizieren jedoch, wohin sich die Börse bewegt, wohin sich das Chart bewegt, spielt sich samt und sonders in Ihrem Kopf ab. Alles, was vor Ihnen liegt, wird von Ihnen interpretiert. Wenn Sie in Hausse-Laune sind und die Börse aufwärts tendiert, sind Sie geneigt, sich eine Fortsetzung dieses Trends vorzustellen, und ist der Markt rückläufig, sehen Sie Tiefs, die gar nicht existieren.

Wenn Sie in Baisse-Stimmung sind, sehen Sie das Gegenteil. Steigt die Börse, entdecken Sie nicht vorhandene Hochs, und fällt die Börse, erkennen Sie eine Fortsetzung dieses Trends.

Der Anleger macht sich selbst etwas vor, wenn er glaubt, er gehe objektiv an die Analyse eines Charts heran. Die Börse spielt sich in Ihrem Kopf ab. Sie entwerfen ein künftiges Szenario, von dem Sie hoffen, dass es objektiv ist, aber Sie dürfen nicht unterschätzen, dass es auch Wunschdenken sein könnte. Es ist ein dünner Strohhalm, an dem Sie Ihre finanzielle Zukunft festmachen – ein Grund mehr, mit kleinen Einsätzen zu spielen und nicht Haus und Hof zu verwetten.

Keine Angst vor der Angst

Eins steht fest: Jeder Börsianer, jeder Anleger kennt die Angst. Selbst der größte Experte bleibt nicht von ihr verschont. Man wird dieses Gefühl nie ganz los, egal wie lang man schon im Geschäft ist.

Ebenso richtig ist jedoch auch, dass ein gewiefter Börsianer – und das unterscheidet ihn vom krassen Amateur – in der Lage ist, Auge in Auge mit der Angst, ja, trotz dieser Angst zu agieren.

Es versteht sich von selbst, dass Sie, wenn Sie Ihren Gewinn maximieren wollen, bei niedrigen Kursen kaufen und bei hohen verkaufen müssen. Das heißt, dass Sie, wenn die Börsen in den freien Fall geraten, wenn die Kurse auf breiter Front und wider alle Vernunft in den Keller gehen, Käufer sein müssen. Natürlich ist dies auch die Zeit höchster Angst. Welcher Anleger zögert nicht in einer solchen Situation? Aber es gibt einige, die handeln trotz ihrer Emotionen, während die Mehrheit, paralysiert von ihren Emotionen, untätig bleibt.

Das sind die Momente größtmöglicher Chancen für Ihr Portfolio. Es sind Zeiten, in denen nur sehr wenige bereit sind, die Bühne zu betreten und zu kaufen. Folglich muss die Mehrheit (diejenigen, die verkaufen) mit ihren Preisen heruntergehen, um die Minderheit (diejenigen, die zu kaufen bereit sind) zum Kauf zu verlocken. Die Börse, ein Risikotransfer-Mechanismus, zahlt in dieser Situation dem Käufer eine Zusatzprämie (in Form eines billigeren Kaufpreises), weil er ja schließlich ein erhebliches Risiko eingeht und dafür entschädigt werden muss.

Angst zu haben ist keine Schande. Sie überfällt jeden. Aber gerade das Handeln angesichts von Angst und Panik hält für Sie die größten Chancen bereit.

Wenn Sie der Mut verlässt, gehen Sie in Deckung

Wir alle haben Zeiten, in denen wir völlig verunsichert sind. In der Regel ist ein solcher Verlust an Selbstvertrauen das Ergebnis einer Serie von finanziellen Verlusten. In Situationen wie dieser haben wir die natürliche Neigung, vorwärts zu preschen, größere oder häufigere Engagements einzugehen, um jene Scharten wieder auszuwetzen. Dabei sollten Sie genau das Gegenteil tun.

Um Ihr Selbstvertrauen zurückzugewinnen, was für eine erfolgreiche Vermögensanlage unerlässlich ist, müssen Sie bei neuen Börsengeschäften Ihre Positionen verkleinern. Wenn Sie sich zum Beispiel normalerweise auf einen 200 000-Dollar-Brocken einlassen, begnügen Sie sich jetzt mit einem 5000-Dollar-Happen. Wenn Ihr Engagement im Allgemeinen fünf Optionskontrakte umfasst, beschränken Sie sich vorerst auf zwei oder gar nur auf einen.

Kleinere Engagements werden Ihnen helfen zu relaxen. Ihre Angst wird abnehmen und dem rationalen Denken wieder den Vortritt lassen. Gleichzeitig werden Sie neues Vertrauen in Ihr Handelssystem und Ihre Methodik gewinnen. Sobald Sie wieder festen Boden unter den Füßen spüren, sobald Sie bei Ihren Transaktionen ein gutes Gefühl haben, können Sie Ihre Positionen wieder auf das frühere Niveau anheben.

Ein letzter Hinweis: Blicken Sie auf jeden Fall zurück und analysieren Sie, was passiert ist. Sie müssen unbedingt wissen, was Sie falsch gemacht haben.

Emotionen sind schlechte Ratgeber

Wenn wir unser Geld aufs Spiel setzen, fallen wir zwei rivalisierenden Gefühlen zum Opfer: Furcht und Gier. Einerseits fürchten wir, unser Geld zu verlieren. Gleichzeitig gieren wir danach, mehr zu gewinnen. Es sind zwei übermächtige Emotionen, und da sie ständig im Clinch miteinander stehen, dürfen ihre Auswirkungen nicht unterschätzt werden. Je größer der Furcht/Gier-Faktor ist, desto stärker muss das Bemühen sein, die emotionale Seite in den Griff zu bekommen. Man wird Emotionen nie ausschalten können, man kann ihre Auswirkungen nur mildern.

Furcht und Gier sind am ausgeprägtesten bei Warentermingeschäften mit ihren extrem hohen Risiken. Es überrascht daher nicht, dass sich der Futures-Handel weitgehend auf mechanische Methoden stützt. Mit einem penibel befolgten mechanischen Handelssystem haben Sie Ihre Emotionen so gut wie ausgeschaltet.

Die allergeringsten Chancen hätten Ihre Emotionen, wenn Sie sich auf ein System festlegten und es einer anderen Person zur Ausführung übertrügen. Da es sich ja nicht um das eigene Geld dieser Person handelte, würde sich diese vermutlich gewissenhaft an Ihr System halten. Natürlich ginge das Ganze auf Kosten des Spaßes – einer weiteren Emotion, die kräftig mitmischt.

Auf jeden Fall gibt es in Bereichen, die mit hohen Risiken behaftet sind (Futures), unzählige mechanische Handelssysteme, wohingegen in risikoarmen Umfeldern wie dem festverzinslichen Anleihemarkt solche Systeme fehlen.

Die Lektion ist klar: Sie müssen beim Investieren und Spekulieren der Vernunft gehorchen, nicht den Emotionen. Emotionen stehen bekanntermaßen in dem Ruf, instabil und irreführend zu sein. Sie sind gekennzeichnet durch vorübergehende Unausgeglichenheit der chemischen Prozesse im Gehirn, verstärkte physische Reaktionen und zeitweiligen Verlust des logischen Denkvermögens – kurz: dieselben Phänomene, die Sie an einem verliebten Teenager feststellen.

Das nächste Mal, wenn Sie in einer emotionalen Reaktion auf bestimmte Ereignisse den Finger schon am Abzug haben, denken Sie an den Freund Ihrer Tochter. Das dürfte Sie zu einer Denkpause veranlassen.

„Es ist *nie* anders"

Manchmal ist alles anders als sonst. Vielleicht hat sich eine Aktie nicht so entwickelt wie angenommen und hat zwei oder drei Fehlstarts hingelegt. Alle Welt rechnete mit einer Wende hinsichtlich der Gewinnaussichten, nur um hernach bitter enttäuscht zu sein. Wenn dann diese Wende eintritt, gibt es immer irgendwelche Leute, die sagen: „Diesmal ist alles anders", und die Entwicklung verläuft tatsächlich anders. Doch die meisten Leute bekommen diese Kehrtwende gar nicht mit. Fazit: Die „Diesmal-ist-alles-anders"-Philosophie steht Kopf.

Leider ist es heute nicht selten der Fall, dass zur Verteidigung eines Standpunkts, der aller Vernunft zuwiderläuft, das Argument des „Diesmal ist alles anders" herangezogen wird. In der Regel versagt dieses Argument. Meistens ist nämlich gar nichts anders.

Es gibt dafür kein schlagenderes Beispiel als die Internetmanie von 1999. Gewinne spielten keine Rolle mehr (Diesmal ist alles anders), handfeste Produkte spielten keine Rolle mehr (Diesmal ist alles anders), traditionelle Bewertungsmaßstäbe wie freier Cashflow spielten keine Rolle mehr (Diesmal ist alles anders). Natürlich war nichts anders und die meisten E-Konzepte endeten mit einer Bruchlandung.

Tatsache ist, dass sich an der grundsätzlichen Beschaffenheit der Märkte sehr wenig ändert, weil sich nämlich der Mensch und seine Verhaltensweisen sehr wenig ändern. Furcht und Gier treiben nach wie vor die Märkte an, und ob es nun 1929 das Lechzen nach der Aktie von Radio Corporation of America (RCA) war oder 1999 das Internetfieber und der Kniefall vor den Dotcoms – es ist gehupft wie gesprungen. So wie die Anleger 1929 im festen Glauben an den immerwährenden Kursanstieg RCA kauften, taten es ihnen ihre Erben 70 Jahre später gleich und zogen für Unternehmen, die nur im Cyberspace existierten, dieselben Schlussfolgerungen.

So wie RCA seine Produkte in endlosen unsichtbaren Informationspaketen über den Äther ausstrahlte, schickten die Dotcoms ihre Produkte in ebenso unsichtbaren Informationspaketen über einen inzwischen moderneren Äther. Und obwohl sie einem Geschäftsplan folgten, der vor fast einem Jahrhundert geschrieben worden war, proklamierten die unverbesserlichen Optimisten: „Diesmal ist alles anders!"

Meine Erfahrung ist: Je mehr Leute verkünden „Diesmal ist alles anders", desto wahrscheinlicher ist es, dass es zu einer Neuauflage eines aus der Vergangenheit schon bekannten Börsenexzesses kommt.

Keine Chance den surrenden Mückenschwärmen

Das meiste, was Sie tagtäglich über die Finanzmärkte hören, ist Lärm und Getöse. Es ist wie ein Schwarm Mücken, der den ganzen Tag um Ihren Kopf schwirrt – er beansprucht Ihre Aufmerksamkeit. Es kann Ihnen Genugtuung verschaffen, wenn Sie eines von den Biestern erwischen, und es kann Sie irritieren, wenn Sie gestochen werden. Aber insgesamt gesehen ist der Mückenschwarm für Ihr Leben unerheblich – ein Nichtereignis.

Genauso ist es mit der Börse. Wenn Sie süchtig nach Finanznachrichten sind (und ich bin einer der schlimmsten Nachrichten-Junkies), werden Sie von Mücken nur so belagert. An einem friedlichen Augusttag wird die Gewinnwarnung eines Unternehmens, von dem Sie noch nie gehört haben und vielleicht nie wieder hören werden, zum Dreh- und Angelpunkt des Interesses. An einem flauen Februarmorgen wird irgendeine unbedeutende Wirtschaftsstatistik wieder und wieder analysiert und von vorne bis hinten durchgekaut. Es sind Mücken, die Ihren Kopf umschwirren.

Die ganze Zeit, während Sie um sich schlagen und die Plagegeister zu vertreiben suchen, bewachen Sie mit Argusaugen Ihr Portfolio – Positionen, die Sie sorgfältig und nach mühsamen Recherchen eingegangen sind, Wertpapiere, die Sie jahrelang, nein, jahrzehntelang halten wollten! Aber dann, eine Kamikazeattacke zu viel und Ihnen gehen die Nerven durch – Sie verkaufen ein paar Ihrer Schätze.

Sie müssen lernen, das Wichtige vom Belanglosen zu trennen. Nur weil eine Nachricht viel Sendezeit bekommt oder viel Druckerschwärze verbraucht, ist sie noch lange nicht wichtig.

Der Lohn: Spaß oder Profit

Nicht zu unterschätzen ist der Spaß- beziehungsweise Unterhaltungsfaktor in der Investmentgleichung. Man könnte zwar meinen, den Börsianer interessiere nur der Gewinn. Fakt ist jedoch, dass es ihm auch um den Spaß an der Freud geht.

Auf den ersten Blick lassen sich Spaß und Gewinn vielleicht gleichsetzen. Wem bereitet es kein Vergnügen, Geld einzustreichen? Also könnte man annehmen, dass der Profitgedanke das eigentliche Motiv für den Spaß an Börsengeschäften ist. Überraschenderweise trifft das nicht ohne weiteres zu.

Für die meisten Anleger ist Geldanlegen harte Arbeit und keineswegs gleichbedeutend mit Spaß. Es erfordert Lesen der Fußnoten, Prüfung der Bilanzierungspraxis, Analyse der Branche. Es bedeutet, Saatenstandsberichte, Reserven für Kreditausfälle oder, je nach Handelsobjekt, hundert andere Dinge im Auge zu behalten. Das alles ist harte Arbeit, aber sie zahlt sich aus.

Nun gibt es einige Anlagen, die nur sehr geringes Renditepotenzial haben, aber sie zu besitzen, macht eine Menge Spaß (bis die Verluste zuschlagen). Zum Beispiel Penny-Aktien. Mit dem Kauf von 100 000 Stück 10-US-Cent-Aktien kaufen Sie grenzenlose Träume und Visionen von Reichtum. Was bietet im Vergleich dazu eine Position in einer geprügelten Aluminiumaktie? Ehrlich gesagt, sich mit Aluminiumaktien zu beschäftigen, macht wenig Spaß, kann gleichwohl eine Menge Gewinn bringen.

Als Anleger haben Sie die Wahl. Sie können investieren, um Gewinn zu machen oder um Spaß zu haben. Sollten Sie protestieren, dass es Ihnen wirklich nur um den Profit geht und beileibe nicht um den Spaß, dann werfen Sie einen Blick auf Ihr Portfolio. Sagt doch alles, oder?

Es gibt alte Händler und es gibt kühne Händler, aber es gibt keine alten kühnen Händler

Wenn Sie die Möglichkeit dazu haben, besuchen Sie einmal den Börsenstand eines Broker-Dealers. Besonders interessant ist sein Bereich an der NASDAQ, wo einige der hochkarätigen Werte den Besitzer wechseln.

Typisch ist, dass dort reihenweise sehr smarte, energiegeladene, konzentrierte Leute sitzen, die alle wie gebannt auf ihre flimmernden Monitore starren. Einige kauen Kaugummi, um ihre Spannung abzubauen; andere kneten einen Tennisball; wieder andere wippen auf ihrem Stuhl hin und her. Man braucht sie nicht zu fragen, was Stress ist. Man sieht es ihnen an.

Was Ihnen sicher auffallen wird, ist das Alter der Händler. Fast ausnahmslos sind sie unter 40; viele sind unter 30. Seitdem ich im Geschäft bin, hat sich daran nichts geändert. Junge Leute, wohin man sieht. Ich habe mich oft gefragt, was aus den jungen Leuten von 1981 geworden ist oder aus der Truppe von 1985 oder 1990. Hätten sie der Belastung standgehalten, würde man doch hier und da einmal auf einen Großvater, auf ein etwas aus dem Leim gegangenes Mannsbild mittleren Alters und gelegentlich auf eine Party zum 40. Geburtstag treffen.

Der Beruf ist knallhart. Wie Krieg. Die Maschine, die da Markt heißt, zermalmt sie und spuckt sie aus. Als Händler müssen Sie kühn sein – nicht tollkühn, denn es ist das Geld des eigenen Hauses, das auf dem Spiel steht – und Sie müssen entschlossen und schnell sein.

Wie gesagt, auf dem Parkett begegnet Ihnen eine Menge kühner Händler. Aber Sie sehen keine alten Händler. Die älteren Händler agieren woanders, wo das Tempo weniger hektisch ist, wo die Reflexe ein wenig nachhinken dürfen. Auf dem Parkett sucht man vergeblich nach ihnen; vielleicht sind sie in die relative Ruhe des Industrieanleihe-Terrains umgezogen.

Denken Sie daran, wie der Markt seine Akteure durch den Fleischwolf dreht. Auch Sie können kühn sein oder so lange weitermachen, bis Sie alt sind, aber Alter und Kühnheit schließen einander doch eher aus.

Der kluge Anleger weiß, dass er wenig weiß

Je mehr Börsenerfahrung ich sammle, desto stärker werde ich mir eines völlig unerwarteten Phänomens bewusst. Anstatt mehr Antworten zu haben, scheinen sich mir mehr Fragen zu stellen. Nun ist es ja nicht so, dass ich nicht lernfähig wäre. Mister Market hat mir weiß Gott genug Lehrgeld abgeknöpft. Aber trotz aller Verfeinerung meiner Handelstechnik scheine ich eher nach Antworten zu suchen, als welche zu geben.

Seit ich das an mir selbst entdeckt habe, betrachte ich andere Marktakteure mit anderen Augen. Von Zeit zu Zeit, oft im privaten Gespräch mit erfolgreichen Anlegern, stoße ich auf dasselbe Phänomen. Immer wieder fließen in die Gespräche Formulierungen ein wie „Ich hatte Mordsdusel", „Ich hatte Glück", und „Wider Erwarten".

Umgekehrt habe ich festgestellt, dass viele Neulinge im Investmentgeschäft sich ihrer Antworten vollkommen sicher zu sein scheinen und kaum Fragen haben.

Schließlich dämmerte mir, dass diejenigen, die den Markt wirklich verstehen, durch eine harte Schule gegangen sind. Sie haben sich den Feuerproben des Marktes gestellt und die Blessuren eingesteckt, die er in seiner Herzlosigkeit austeilen kann. Sie sind durch das Fegefeuer gegangen und auf der anderen Seite wieder herausgekommen. Sie lassen die Wachsamkeit und Dankbarkeit des Überlebenden erkennen.

Was sagt jemand, der eine Naturkatastrophe heil überstanden hat? Genau dieselben Worte:

▲ „Ich hatte Glück."
▲ „Ich hatte Mordsdusel."
▲ „Wider Erwarten ..."

Ab und zu eine Verschnaufpause

Ob Sie handeln, spekulieren oder investieren – Geld aufs Spiel zu setzen ist eine ungeheuer emotionale und kräftezehrende Angelegenheit. Und wenn Sie das Tag für Tag tun, türmt sich ein Berg von Stress auf, den Sie weder leugnen noch verhindern können.

Uns allen ist klar, dass bei Verlusten der Stresspegel steigt und wir dringend eine Pause brauchen. Nicht so klar ist, welchen Stress das Gewinnen bereitet. Weil Gewinnen Spaß macht, glauben wir, dass es keinen Stress verursacht. Natürlich ist Verlieren stressiger, aber mit Gewinnen umzugehen ist alles andere als unproblematisch. Erst einmal haben Sie den Stress, dass Ihnen der Gewinn durch die Finger rinnen könnte, was für sich schon ausreicht, um nervös an den Nägeln zu kauen und auf der Tischplatte herumzutrommeln.

Hat sich dann genügend von dieser Last aufgebaut, beginnen Sie auch noch, den Überblick zu verlieren und, daraus resultierend, an Urteilskraft einzubüßen. Ein strenges Handels-/Kapitalanlagesystem kann Ihnen zwar helfen, in der Spur zu bleiben, wenn Sie tatsächlich die Übersicht verlieren sollten. Allerdings habe ich an mir festgestellt, dass es in solchen Situationen schwer fällt, sich an sein System zu halten, was zwangsläufig dazu führt, dass man öfter mal improvisiert. Aber Schnellschüsse aus der Hüfte sind wohl nicht besonders ratsam.

Nun werden Sie nicht gleich auf die Straße rennen und jemanden umbringen, nur weil Ihr Stresspegel gestiegen ist, und vermutlich werden Sie auch noch Ihren Hund kraulen und die Katze streicheln können. Aber dieser Mangel an Übersicht und der daraus resultierende Mangel an Urteilskraft ergeben eine sehr gefährliche Mischung. Und es passiert allzu leicht, dass Sie kopflos ein Geschäft lostreten und sich ein echtes Problem aufhalsen.

Ab und zu müssen Sie einfach mal abschalten und für ein Weilchen die Segel streichen. Ich glaube, die beste Zeit dafür ist nach einer Gewinnsträhne. Allerdings könnte in Ihren Augen der Zeitpunkt für einen solchen Versuch nicht schlechter sein, denn Sie strotzen nur so vor Enthusiasmus und möchten gern weitermachen. Dennoch kann ich Ihnen versichern, dass dies handelsstrategisch richtig ist, insbesondere weil Systeme und Techniken in Gnade und Ungnade fallen und Ihnen wahrscheinlich ohnehin eine Verluststrecke ins Haus steht. Wenn Sie beispielsweise mit großem Erfolg ein Trendfolgesystem angewendet haben, ist die Wahrscheinlichkeit groß, dass der Markt in einen Handelsspannenbereich tritt, in dem Ihnen mit Ihrem System Verluste ins Haus stehen.

Zu den großen Vorteilen des Investierens an der Börse gehört, dass Sie liquide sind. Sie können die Schotten dicht machen und für eine Woche wegfahren. Das haben wir alle hin und wieder nötig.

Woran erkennen Sie, dass Sie eine Auszeit brauchen? Nichts leichter als das. Sie wissen es einfach. Irgendwann hören Sie sich stöhnen: „Ich bin urlaubsreif."

Denken wie ein Grünschnabel

Im Laufe der Jahre habe ich mir eines angewöhnt: Ich versuche, mich in die Lage eines Anfängers zu versetzen. Ich frage mich: „Was würde ein Börsenneuling jetzt tun?"

Dieser Trick leistet mir gute Dienste, wenn ich unschlüssig bin. In solchen Situationen erinnere ich mich, was ich als Börsennovize (wir haben alle einmal angefangen) früher getan habe. In der Regel bin ich mir wesentlich sicherer, was ein Anfänger tun *würde,* als was ich selbst tun *sollte.* Habe ich mich in die Lage des Neulings versetzt und mir vorgestellt, wie er sich entscheiden würde, überlege ich mir, genau das Gegenteil zu tun.

Hier ein simples Beispiel: Sie sitzen vor dem Fernseher und hören auf Ihrem Lieblingsnachrichtensender die atemberaubende Geschichte der XYZ-Dideldum-Aktie, die aufgrund von Gerüchten über die Einführung eines neuen Produkts in die Höhe schießt. Es ist nur ein Gerücht und die Aktie ist billig. Der Kurs ist bei starken Umsätzen von 4 Dollar auf 5,50 Dollar gestiegen. Eine Woche vorher wurde die Aktie noch bei 3 Dollar gehandelt. Sollte ich dieses Papier kaufen?

Ich bin mir absolut sicher, wie der Anfänger entscheidet. Er kauft die Aktie. Um mich zu vergewissern, schaue ich mir die Umsätze detailliert an, und prompt finde ich Hunderte von Käufen im 100- bis 1000-Dollar-Bereich. Das zeigt mir, dass es nicht die institutionellen Käufer sind, die den Kurs in die Höhe treiben. (Auch weiß ich, dass die meisten institutionellen Investoren kein Papier unter 5 Dollar kaufen würden.)

Jetzt ist meine Entscheidung einfach. Ich lasse die Finger von der Aktie. Kaufen werde ich sie nicht, weil ich nicht auf der Seite der emotionalen Käufer mitspielen möchte. Leerverkaufen werde ich ebenfalls nicht, denn wenn das Gerücht stimmt, stehe ich auf der falschen Seite einer billigen Aktie, deren Kurs nur zulegen kann.

Außerdem, selbst wenn ich richtig liege und der Kurs absackt, kann ich nur einen oder zwei Dollar gewinnen, sodass ich eine ganze Menge leerverkaufen muss, damit sich die Sache lohnt. Eine gegenläufige Entwicklung würde mich mit voller Wucht treffen. Das ist die Sache nicht wert.

Ein bisschen Nachdenken und Abwägen kann in solchen Situationen eine Menge bringen. Und sich in den Kopf eines Anfängers zu versetzen ist oft das Allerbeste, was Sie tun können.

Jeder ist seines Glückes Schmied

Es gibt Zeiten, in denen Sie sich ungerecht behandelt fühlen.

Ihr Börsenauftrag ist nicht sofort ausgeführt oder schlecht abgewickelt worden oder Sie haben ein Papier gekauft, das sich als Fehlgriff entpuppt. Die Schuld daran geben Sie dem Markt, den Marktmachern, den Brokern an der Terminbörse oder dem Analysten, der das Papier empfohlen hat. Vielleicht sind Sie auch nicht ins Internet gekommen und konnten Ihren Auftrag nicht loswerden oder Ihr Chef hat so viel Druck gemacht, dass Ihnen der Kopf brummte.

Es ist nur zu natürlich, dass wir unseren Frust an anderen auslassen. Wer von uns kann sich davon frei-sprechen? In vielen Bereichen des menschlichen Lebens ist das ja auch relativ harmlos. Wenn Sie einen Volley verschlagen, weil die Sonne Sie blendete, richten Sie in der Regel keinen Schaden an, wenn Sie die Sonne zum Teufel wünschen.

Aber beim Geldanlegen kann es fatal werden, wenn Sie nicht bereit sind, persönlich die Verantwortung für das Ergebnis zu übernehmen. Eines dürfte doch klar sein: Jedes Mal, wenn Sie einen Kauf- oder Verkaufsauftrag geben, tun Sie dies aus freien Stücken. Niemand zwingt Sie. Sie stehen unter keinem Hofdiktat, das Ihnen vor-schreibt, was Sie zu tun und zu lassen haben. Ihren Freunden ist es sowieso egal. Es ist ganz allein Ihr Bier und Sie treffen die Entscheidung.

Natürlich kann es sein, dass Ihr Computer abgestürzt ist und Sie den Auftrag nicht absenden konnten. Oder der Analyst hat tatsächlich die Sache vermasselt. Alles rich-tig. Aber Sie waren es, der sich für eine Strategie entschieden hat, die den jederzeitigen Zugang zur Börse voraussetzt. Es war Ihre Entscheidung, auf den Analysten zu hören. Egal wie begründet Ihre Einwände auch sein mögen, im Grunde war es Ihr freier Wille und letztendlich Ihr Fehler.

Nachdem mir das klar geworden war und ich anfing, selbst die volle Verantwortung für meine finanziellen Transaktionen zu übernehmen, bekam ich immer mehr Spaß am Börsengeschäft, und ich glaube (kann es aber nicht beweisen), dass sich dadurch auch meine Technik verbesserte. Wissen Sie, wenn Sie spüren, dass Sie die Dinge tatsächlich in der Hand haben, ist es viel leichter, Falsches zu korrigieren. Nicht mehr drangsaliert von Nornen und Furien werden Sie merken, dass Sie selbst die Lösung des Problems sind und mit dem nötigen Einsatz es auch lösen können.

Das ist ein befreiender Gedanke. Er macht Sie frei von Furcht und öffnet die Tür für eine positive, auf Problemlösung ausgerichtete Einstellung. Anstatt den Computer zu bezichtigen, der Sie mit Sicherheit wieder im Stich lassen wird, gehen Sie daran, sich aus seiner Abhängigkeit zu befreien. Vielleicht kaufen Sie ein zweites Gerät. Vielleicht geben Sie die Strategie auf, die einen hundertprozentig fehlerfreien Zugang voraussetzt.

Wie Ihre Lösung auch aussehen mag, volle Verantwortung zu übernehmen heißt, für beide Seiten geradezustehen. Wenn Sie einen Supererfolg hatten, ist Ihre Freude daran umso größer.

Vorsicht vor Fehlern
ohne Fehlermeldung

Es kann passieren, dass Sie etwas falsch machen, aber dafür keinen Preis bezahlen müssen – so, als ob Ihr Fehler gar nicht stattgefunden hätte. Sie machen in seliger Ahnungslosigkeit weiter, nicht wissend, dass es nur eine Frage der Zeit ist, bis Ihr Fehler aus der Versenkung springt und Sie an der Gurgel packt.

Angenommen, ein Anleger investiert sein ganzes Kapital in eine einzige Position. Vielleicht kauft er eine 60-tägige aus dem Geld notierende Option für 20 US-Cent pro Kontrakt. Eine unerwartete Übernahme lässt die Aktie raketenartig emporschießen und er streicht einen 500-prozentigen Gewinn ein. Glühend vor Begeisterung findet er ein Aktie, mit der ihm dasselbe noch einmal gelingt.

Dieser Anleger ist doppelt gestraft. Erstens verfolgt er eine Strategie, bei der die Wahrscheinlichkeit, langfristig Gewinne zu machen, sehr gering ist. Wenn er hoch riskante Optionen kauft, sollte er sich nur mit einem kleinen Teil seines Kapitals engagieren. Oder wenn er sein gesamtes Kapital riskiert, sollte er äußerst konservativ vorgehen.

Die zweite Strafe ist, dass er sich seiner Dummheit nicht bewusst ist. Er bekommt zwar eine Rückmeldung, aber keine Fehlermeldung. Schlimmer noch, er bekommt ein positives Feedback. Kurz, er macht Fehler über Fehler und weiß es nicht.

Natürlich ist seine Aktie bei seinem dritten Versuch unbeweglich wie ein Stein, die Optionen schmelzen auf null und der Totalverlust ist perfekt. Es ist unerheblich, dass er vorher zwei 500-prozentige Gewinne hatte. Beim dritten Wurf setzte er alles aufs Spiel und verlor.

Die Moral von der Geschichte: Sie können etwas falsch machen, ohne dass Ihnen Ihr Fehler rückgemeldet wird, und manchmal ist das Feedback sogar positiv. Nur weil das, was Sie tun, in einen Gewinn mündet, heißt nicht, dass es auch richtig war. Oft ist es nur Dusel. Analysieren Sie Ihre Erfolge ebenso streng wie Ihre Misserfolge. Stellen Sie sicher, dass Ihr Sieg verdient und nicht reines Glück war.

Also: Vorsicht vor Fehlern ohne Fehlermeldung – sie sind tückisch und gefährlich.

Kein Entrinnen vor schwierigen Entscheidungen

Was machen wir zuweilen für gedankliche Verrenkungen, um einer schwierigen Entscheidung auszuweichen. Wir argumentieren und diskutieren, wir wenden die Zahlen hin und her und vor und zurück, wir suchen und finden immer noch einen weiteren analysebedürftigen Faktor – und bilden uns ein, wir hätten damit den passenden Schlüssel in der Hand, der uns die richtige Antwort auf eine schwierige Frage erschließt.

Ich habe einmal eine Rede vor einer Gruppe von Finanzleuten aus der Industrie und Mitgliedern des Institute for Management Accountants gehalten. Danach hatten wir Zeit für das übliche Frage-und-Antwort-Spiel. Bei der ersten Frage ging es um ein lokales Unternehmen und ob man dessen Aktie kaufen, verkaufen oder halten sollte. Das Unternehmen hatte sechs Jahre lang ein beispielloses Ergebnis erwirtschaftet. Gewinn und Umsatz waren Jahr für Jahr mit der Regelmäßigkeit eines Uhrwerks gestiegen – um ungefähr 28 Prozent per annum. Jedes Jahr fand ein Split von zwei alten in drei neue Aktien statt, wiederum mit der Präzision eines Uhrwerks. Mit einem Gewinn pro Aktie im laufenden Jahr von 56 US-Cent und einem Kurs von 57 Dollar pro Aktie hatte das Unternehmen ein Kurs-Gewinn-Verhältnis von 100. Kaufen, verkaufen oder halten? Hier meine damalige Antwort:

„Solange es dem Unternehmen gelingt, auch weiterhin solche Zahlen zu schreiben, eine solch stetige Wachstumsrate zu erreichen, so lange wird der Kurs weiter steigen. Nun müssen Sie berücksichtigen, dass angesichts der Tatsache, dass das KGV mehr als drei Mal so hoch ist wie die Wachstumsrate, diese Entwicklung im Kurs bereits voll eingepreist ist. Das Unternehmen braucht deshalb nur einmal eine Zahl zu verfehlen, sei es auch nur um einen Penny, und die Aktie wird wahrscheinlich um die Hälfte einbrechen. Ihre Entscheidung ist also einfach. Gehen Sie das Risiko ein, dass es auch nur eine Zahl verfehlt, oder halten Sie die Aktie in der Erwartung, dass es seine Zahlen wieder erreicht?"

Das war die Frage aller Fragen. Man konnte die Finanzdaten des Unternehmens noch so lange studieren und alles in bester Ordnung finden, aber entscheiden würde das Quartalsergebnis. Bei aller noch so gründlichen Prüfung der Sachlage konnte man nicht der Tatsache entrinnen, dass alles in den Sternen stand. Werden die Zahlen erreicht, ist alles in Ordnung. Wird auch nur eine Zahl verpasst, geht es bergab.

Ich wette, dass ein paar Anleger aus Nervosität einen Teil ihrer Aktien verkauft haben, aber ich wette auch, dass die meisten sie gehalten haben, obwohl sie wussten, dass Gefahr hinter der nächsten Ecke lauerte.

Manchmal können Sie sich vor einer schwierigen Entscheidung einfach nicht drücken.

Schlechte Nachrichten – Grund für erhöhte Wachsamkeit

Mir ist aufgefallen, dass, wenn ein Unternehmen in die Bredouille gerät, manchmal ein wachsender Sturm der Hysterie und des Pessimismus ausbricht. Überall herrscht Aufregung – in den Medien, bei den Analysten, in der Anlegergemeinde.

Man kann im Voraus schwer sagen, welche Umstände hinter diesen atmosphärischen Störungen stecken, sie sind also nicht vorhersehbar. Manchmal scheint es, als ob die Leute sich einfach nur ärgern. Fast immer richtet sich ihr Ärger gegen ein Management, das ihre Erwartungen nicht erfüllt hat – etwa versprochene und nicht erreichte Mondrenditen oder einen angekündigten und nicht geschafften Turnaround. Manchmal verlieren die Leute einfach die Geduld.

Wo auch immer die Ursachen liegen, man kann die pessimistische Stimmung mit den Händen greifen, denn alle Artikel und Berichte, die man zu lesen bekommt, scheinen zwei hervorstechende Merkmale zu haben: Erstens malen sie alles in unglaublich düsteren Farben. Zweitens und vielleicht noch aufschlussreicher: Zum Wetzen ihrer Messer haben sich die Schreiber die Zeit genommen, Kunden und Lieferanten zu interviewen.

Jeder kennt das: Ein Unternehmen hat ein schlechtes Quartal hinter sich, der Aktienkurs saust in den Keller, das Management ringt die Hände. Dann kommt die Attacke. Es werden Kunden interviewt, die von ihren Erfahrungen mit dem Unternehmen zu erzählen wissen und wie saumäßig alles ist: „Seit 1962 bin ich treuer Kunde der ABC Dingsda AG, und ich bin fassungslos, wie man mich behandelt hat. Weil der Mitarbeiter nicht wusste, wer ich war, hat er einfach den ABC-Dingsda-Recycler abholen lassen!" Solche und ähnliche Geschichten.

Ich werde immer besonders wachsam, wenn ich die ersten Kundeninterviews höre. Ich habe festgestellt, dass sie als Gegenindikator kein schlechtes Signal abgeben. Wenn Kunden zu Protokoll geben, wie mies ein Unternehmen ist, stehen Verbesserungen manchmal schon unmittelbar vor der Tür. Vorstände können es nicht ausstehen, öffentlich derart verteufelt zu werden.

Tanzen Sie nicht nach der Pfeife anderer

Einer der größten Unterschiede zwischen einem guten Anleger und einem krassen Amateur besteht darin, dass der gute Anleger fähig ist, nicht nur die Fakten zu erfassen, sondern auch seine eigenen Schlüsse daraus zu ziehen. Er plappert nicht nach, was er liest und hört. Vielmehr destilliert er das Wesentliche aus den Fakten heraus und entwickelt von Anfang an seine eigenen Schlussfolgerungen.

Die meisten Anleger haben weder den Mut, zu ihrer eigenen Überzeugung zu stehen, noch das Vertrauen in die eigene Urteilskraft, um wirklich souverän zu handeln. Weil sie glauben, andere Leute wüssten mehr, tendieren sie dazu, nach anderen Meinungen zu schielen und entsprechend zu taktieren. Der wirkliche Meister seines Fachs schert sich nur insoweit um die Meinung anderer, als er an ihr ablesen kann, wie sie agieren und wie diese Aktionen die Märkte beeinflussen.

Ich habe lange gebraucht, bis ich so weit war, und ich bin mir nicht sicher, wie es geschah. Ich glaube, so etwas entwickelt sich in einem langsamen Prozess, bis man eines Tages das Gefühl hat, Ballast abgeworfen zu haben. Für mich jedenfalls war es wie ein Befreiungsschlag. Ich hatte den Punkt erreicht, wo ich meinte, meine Schuldigkeit getan, Erfahrungen zur Genüge gesammelt und hart genug gearbeitet zu haben, um eine genauso stichhaltige Meinung haben zu können wie andere auch.

An diesem Punkt angelangt, sah ich mich imstande, unabhängig von den Analysen anderer selbst zu analysieren und meine Schlüsse zu ziehen. Das heißt nicht, dass ich immer anderer Meinung bin; es heißt nicht, dass ich mich anderen überlegen fühle. Der Unterschied ist nur, dass ich mich jetzt besser in der Lage sehe, die Spreu vom Weizen zu trennen, das für mich Wichtige zu speichern und das, was ich nicht für wichtig halte, im Geiste ad acta zu legen.

Es ist ein Ziel, das anzustreben sich lohnt. Arbeiten Sie an sich, damit auch Sie dieses beruhigende Gefühl von Kompetenz und sicherer Hand bekommen. Sicherlich werden Sie von Fehlern nicht verschont bleiben, aber Sie werden sich viel öfter in einem Zustand der Ruhe und Gelassenheit als in einem Zustand der Angst oder Unsicherheit über Ihre Entscheidungen befinden. Innere Ruhe schafft Platz für klares Denken – Ihr Ergebnis wird es Ihnen danken.

11

Risiken

Erst wägen, dann wagen

Schweinebäuche sind nur etwas für Mutige

Ich muss Ihnen ein Geständnis machen. Ich liebe den Futures-Markt. Ich sage nicht, dass ich ihn mag oder dass ich ein Faible für ihn habe oder dass ich ihn interessant finde. Nein, ich *liebe* ihn.

Nicht nur sein Gewinnpotenzial. Auch die ganze Atmosphäre, die ihn umgibt. Jeder kennt den Kalauer, dass man mir 5000 Bushels Getreide auf den Rasen kippt, oder die saublöde Frage, was man wohl mit 15 000 Pfund gefrorenem Orangensaftkonzentrat oder Tonnen an Schweinebäuchen macht. Abgesehen davon sind es auch das Tempo und der Kitzel, die mich faszinieren.

Um an der Warenbörse zu handeln, brauchen Sie nicht nur Zeit. Und nicht nur ein erfolgreiches System. Wenn Sie Vier-Wochen-Ausbrüche kaufen/verkaufen, Ihre Positionen klein halten und die Stop-Loss-Technik einsetzen, haben Sie diese Seite des Geschäfts gut im Griff.

Nein, Zeit und ein gutes Handelssystem sind nicht alles. Sie brauchen auch Schneid. Sie brauchen Courage. Sie müssen mit Volatilität umgehen und jene qualvollen Kursbewegungen aushalten können, die Ihr Kapital auszehren. Gewöhnungsbedürftig ist außerdem, dass Sie bei Anwendung eines Handelssystems damit rechnen müssen, dass einem erfolgreichen Monat fast immer ein schlechter Monat auf dem Fuße folgt. Dinge wie diese nagen an Ihren Kräften, rauben Ihnen die Übersicht und schwächen Ihren Mut.

Aber das ist ja nichts Besonderes, schließlich trifft es auf jede angstgeladene und Furcht einflößende Situation zu. Stellen Sie sich vor, Sie versuchten, einem wild gewordenen Rhinozeros zu entkommen, das einen Tick schneller läuft als Sie – dann wissen Sie, was ich meine.

Selbst wenn Sie Herzklopfen bis zum Hals haben und Ihr Puls auf 180 ist, bleibt Ihnen nur zu fragen, ob das Untier zuerst müde wird oder Sie zuerst aufspießt.

Mein Rat: Wenn Sie an der Warenbörse handeln möchten, lassen Sie sich durch nichts auf der Welt davon abhalten. Bleiben Sie Ihrem System treu. Und wenn Sie spüren, dass der Mut Sie verlässt, dass Ihnen die Knie schlottern, nehmen Sie Reißaus.

Testen Sie Ihre Risikotoleranz und setzen Sie sich Limits

Die Historie der modernen Kapitalmärkte zeigt, dass in Baisse-Zeiten Kursstürze von 20 Prozent und mehr keine Seltenheit sind. Wer sehr langfristig investiert, erlebt eine Menge schlimmer Markteinbrüche und Börsentalfahrten plus gelegentliche Börsenpaniken oder Crashs. Dieses Faktum des Börsenlebens gerät häufig in Vergessenheit.

Wenn ich neue Kunden zu möglichen Risiken berate, lasse ich sie ein Szenario durchspielen. Es läuft in etwa folgendermaßen:

Nehmen wir an, wir würden morgen Ihr ganzes Geld an die Börse tragen und in Aktien anlegen. Wir können ein paar Vermögensverwalter oder Indexfonds auswählen oder es selbst machen, auf jeden Fall gehen wir davon aus, dass wir Spitzenwerte kaufen und auf eine gute Streuung achten. Nun beginnt die Konjunktur zu schwächeln und im Laufe des nächsten Jahres geht der Wert Ihres Portfolios von 500 000 Dollar auf 400 000 zurück – eine Einbuße um 20 Prozent.

Da ich Ihr Berater bin, werden Sie zu mir kommen, Ihr Befremden zum Ausdruck bringen und fragen, was wir zu tun gedenken. Und ich werde Ihnen versichern, dass wir gute Aktien (oder gute Vermögensverwalter oder gute Fonds) haben und dass über lange Zeitstrecken gesehen der Aktienmarkt um 10 bis 12 Prozent gewachsen ist. Mein Rat: Zähne zusammenbeißen und den eingeschlagenen Kurs halten.

Fragt sich, was würden *Sie* tun?
Würden Sie mich feuern? Würden Sie den (die) Vermögensverwalter davonjagen? Würden Sie Ihre Papiere abstoßen und Kasse machen? Oder würden Sie bei der Stange bleiben und die Sache durchstehen?

Es ist ein aufschlussreicher Test, denn in vier von fünf Fällen entscheiden sich die Kunden für ein geringeres

Risiko. Sie erkennen, dass sie in Wahrheit nicht gewillt sind, 20 Prozent ihres Geldes für eine langfristige Rendite von 10 oder 12 Prozent zu riskieren; also nehmen sie etwas Gas weg.

Wenn vier von fünf unserer Kunden sich so verhalten, mache ich jede Wette, dass vier von fünf Lesern dieses Buches vermutlich mehr Risiken eingehen, als ihnen gut tut. Mehr noch, die Chancen stehen nicht schlecht, dass Sie einer von den vieren sind.

Risiko vor Rendite

Wenn es eine Lehre gibt, die Sie aus diesem Buch ziehen sollten, dann diese.

Die Lektion, zuerst das Risiko und dann die Rendite ins Visier zu nehmen, ist für viele Börsianer schwer zu verstehen, und die Tatsache, dass sie so wenig beherzigt wird, führt zu den meisten wirklich schlimmen Börsianerschicksalen. Ob es der Warenbörsenspekulant ist, der hinweggefegt wird, oder der kleine Börsenspieler, der verheerende Verluste erleidet, oder das große institutionelle Portfolio, in das viele Löcher gerissen werden – die Geschichte ist fast immer dieselbe: ein zu großes Risiko und eine schlechte Investmentidee.

Es ist nicht das dürftige Konzept, das ein Schiff zum Sinken bringt. Wer verfolgt nicht auch mal schlechte Strategien? 20 Jahre Börsenerfahrung haben mir weiß Gott reichlich Gelegenheit für schlechte Investmentideen gegeben. Es ist die große „todsichere Sache", die ins Auge geht und Ihnen Verluste beschert, die Sie aktionsunfähig machen. Es ist das Wetten auf eine Aktie, das Suchen nach dem großen Wurf, der Ihnen reichen Geldsegen verspricht, nur um zu erleben, wie über Nacht aufgrund einer unerwarteten Gewinnwarnung der Kurs abstürzt. Es ist das Verdoppeln, dann das Verdreifachen des Einsatzes auf eine aussichtsreiche Future-Position, nur um zu beobachten, wie sie sich in die entgegengesetzte Richtung entwickelt und tagelang an der unteren Limitbarriere dümpelt, kurz bevor sie zwangsliquidiert wird. Es ist der Eigensinn, mit dem man immer wieder Geld in Verlust bringende Long-Options-positionen nachschießt. All diese Verhaltensmuster wurzeln in der Gier und können fatale Folge haben.

In über 20 Jahren habe ich einige Faustregeln gelernt, mit denen man eine solche Entwicklung unter Kontrolle bringen kann.

1. Riskieren Sie an der Futures-Börse nicht mehr als 2 Prozent Ihres Kapitals für eine einzige Idee.
2. Investieren Sie nicht mehr als 3 Prozent Ihres Kapitals in eine einzige Aktie.
3. Investieren Sie nicht mehr als 15 Prozent Ihres Kapitals in eine einzige Branche. (Aktien einer Branche tendieren zur gleichen Zeit in die gleiche Richtung.)
4. Kalkulieren Sie einen 20-prozentigen Verlust Ihres Portfolios ein (in diesem Jahrhundert ein nicht gerade seltenes Ereignis am Aktienmarkt). Addieren Sie Ihre Verluste. Sind sie erträglich?
5. Setzen Sie nicht mehr als 20 Prozent Ihres Kapitals für den Kauf von Optionen ein.
6. Wenn Sie ungedeckte Optionen verkaufen, kalkulieren Sie ein, dass sich die zugrunde liegende Aktie dreimal stärker bewegt als vorausgesehen. Ist der Verlust erträglich?
7. Investieren Sie nicht Ihr ganzes Geld in eine Anlageklasse (beispielsweise US-Standardaktien, internationale Aktien, Futures). Aktien einer Klasse tendieren in dieselbe Richtung.
8. Aus demselben Grund sollten Sie, wenn Sie ein größeres Aktienpaket am Unternehmen Ihres Arbeitgebers halten, dafür sorgen, dass Ihre anderen Engagements wenig mit Aktie/Branche/Markt/Situation Ihres Arbeitgebers zu tun haben.
9. Versuchen Sie Investments auszuwählen, die keine starke Korrelation miteinander aufweisen.
10. Spekulieren Sie nicht mit Geld, das Sie für Ihren Lebensunterhalt brauchen.

Wenn Sie diese Regeln beherzigen, haben Sie damit begonnen, Ihr Portfolio kugelsicher zu machen. Ein kugelsicheres Portfolio überdauert jene heftigen Stahlgewitter, die die Märkte regelmäßig heimsuchen. So abgesichert, können Sie einen langfristigen Anlagehorizont entwickeln, wo eine gute Anlagestrategie Früchte trägt.

Machen Sie sich keine Gedanken über die Erträge. Bei vernünftiger Auswahl Ihrer Engagements stellen sich Erträge ganz von selbst ein. Aber Erträge kommen nur, wenn Sie Kapital investiert haben. Kein Kapital, kein Profit.

Konzentrieren Sie sich auf die Risiken und werden Sie steinreich.

Ordern Sie gemischten Salat

Vorsicht vor Korrelationen. Investments bewegen sich nicht in einem luftleeren Raum. Wie die Population des Amazonas-Urwalds oder des Pazifischen Ozeans hängt alles gewissermaßen mit allem zusammen.

Bei der Geldanlage spielt die Korrelation (die Beziehung zwischen zwei verschiedenen Investments) eine sehr wichtige Rolle. Dieses Thema ist ein eigenes Buch wert. Doch sei Ihnen an dieser Stelle der Rat gegeben, sich die Beschäftigung mit Korrelationen zur Gewohnheit zu machen. Öffnen Sie eine Excel-Kalkulationstabelle. Sie finden dort eine Funktion unter der Bezeichnung KORREL. Die Formel lautet = KORREL (Zahlenreihe 1, Zahlenreihe 2). Versuchen Sie Folgendes: Tragen Sie für die letzten 10 Jahre jeweils die jährlichen Renditen des S&P 500 und des Dow-Jones-Industrieindex in zwei getrennte Spalten ein (den S&P in A1:A10 und den Dow Jones in B1:B10). Dann tippen Sie in ein Leerfeld die Formel:

=KORREL(A1:A10, B1:B10)

Schauen Sie, was passiert. Um Ihnen ein wenig Arbeit zu ersparen, haben wir die Zahlen für Sie zusammengestellt:

	DOW JONES	S&P 500	EAFE
Dez. 00	-4,70 %	-9,10 %	-14,20 %
Dez. 99	27,30 %	21,00 %	27,00 %
Dez. 98	18,20 %	28,60 %	20,00 %
Dez. 97	24,90 %	33,40 %	1,80 %
Dez. 96	28,90 %	23,00 %	6,10 %
Dez. 95	36,90 %	37,60 %	11,20 %
Dez. 94	5,00 %	1,30 %	7,80 %
Dez. 93	17,00 %	10,10 %	32,60 %
Dez. 92	7,40 %	7,80 %	-12,20 %
Dez. 91	24,30 %	30,60 %	12,10 %
Dez. 90	-0,50 %	-3,20 %	-23,40 %

Die perfekte Korrelation ist +1; das heißt, dass sich Dow Jones und S&P gleichzeitig auf identische Weise bewegen – wie die beiden Hinterräder Ihres Autos, wenn Sie über die Autobahn düsen. Sie sehen, dass zwischen Dow Jones und S&P eine starke Korrelation besteht. Wenn die Indizes immer in entgegengesetzte Richtungen liefen, betrüge die Korrelation -1; wenn sie sich willkürlich bewegten, 0,5. Je näher der Wert an +1 herangeht, desto stärker ist die Korrelation, und je mehr er sich -1 nähert, desto schwächer wird sie.

Nun tragen Sie in die Felder C1:C10 die Jahresrenditen des EAFE-Index (Europe, Australasia, Far East) von Morgan Stanley ein und geben Sie die Korrelationsfunktion des EAFE-Index zum Dow Jones oder zum S&P ein. Das sieht schon ganz anders aus, nicht wahr? Der EAFE-Index (internationale Werte) marschiert nicht im Gleichschritt mit den anderen beiden Indizes. Sehen Sie sich die einzelnen Zeilen an: Manchmal liegt der S&P-Wert

über dem EAFE, manchmal darunter, und so weiter. Nehmen wir einmal an, Sie hätten in Ihrem Portfolio 50 Prozent S&P und 50 Prozent EAFE. Bilden Sie für jedes Jahr den Durchschnitt aus beiden Indizes und schauen, was herauskommt.

Sehen Sie, dass die beiden Indizes zusammen letztlich sowohl das Risiko als auch die Renditen reduzieren? Da sie nicht die ganze Zeit zusammen marschieren, kann einer dem anderen manchmal helfen.

Das ist die Magie der Nicht-Korrelation. Es zeigt sich, dass Sie mit der richtigen Mischung aus riskanten, aber nicht korrelierenden Aktien Ihr Risiko sinnvoll vermindern können, ohne gänzlich auf die Rendite verzichten müssen (worauf man wegen der Risikoreduzierung eigentlich schließen könnte). Es ist eine Sache, die fast einem Freifahrtschein gleichkommt, wenn es denn so etwas im Investmentgeschäft überhaupt gibt.

Wenn Sie also Ihr Geld anlegen, machen Sie eine bunte Mischung daraus – Standardwerte, Nebenwerte, internationale Papiere, Anleihen, Cash, Metalle, Immobilienfonds. Nur zu. Sie sind am Ball. Mixen Sie sich einen großen, nicht korrelierenden Salat.

Nie mehr als 15 Prozent Ihres Geldes in eine Branche

Mit diesem exzellenten Instrument der Risikovorsorge können Sie Verluste in miteinander verwandten Aktien eingrenzen.

Manche Anleger geben sich dem trügerischen Glauben hin, dass sich das Risiko einer großen Branchenposition durch den Besitz mehrerer Aktien dieser Branche begrenzen lasse. Sie möchten beispielsweise 50 Prozent ihres Geldes in Energie- oder Halbleiteraktien anlegen, also kaufen sie 10 verschiedene Energiewerte oder 6 verschiedene Chipwerte. Sie wiegen sich in der Sicherheit, dass sie durch die Streuung des Risikos auf mehrere Aktien einer Branche das Risiko für ihr Portfolio vermindert hätten.

Erstens könnte ich leicht argumentieren, dass mit dem Kauf mehrerer Aktien die Chance, dass eine Aktie komplett in die Luft fliegt, auch größer geworden ist. Das heißt, wenn Sie 10 Energiewerte besitzen, ist die Wahrscheinlichkeit, dass eine Aktie den Bach runtergeht, zehnmal größer, als wenn Sie nur eine besitzen. Außerdem hat durch Ihr Aktienbündel mit ziemlicher Sicherheit die Qualität Ihres Portfolios gelitten, da ja nun viel mehr darin vertreten ist als nur der Branchenführer.

Aber das eigentliche Risiko, das Sie sich eingehandelt haben, ist das Branchenrisiko. Wenn Sie sechs Halbleiterwerte besitzen, werden Sie feststellen, dass alle, den Aussichten für die Branche folgend, in die gleiche Richtung tendieren und alle relativ eng geschlossen marschieren. Sicher wird die eine oder andere besser positioniert sein, was Ihrer Performance Auftrieb gibt. Aber möglich ist auch, dass Sie eine oder zwei schlechter positionierte Aktien darunter haben, die Ihrer guten Performance wieder einen Strich durch die Rechnung machen.

Auf jeden Fall werden Sie, wenn die Branche baden geht, mit unter Wasser gezogen, denn Sie sind über ein dickes, starkes Seil fest mit ihr vertäut. Deshalb sollten Sie Ihre Branchenengagements auf 15 Prozent Ihres Portfolios beschränken. Sie haben so die Möglichkeit, Ihre Investments auf mindestens sechs Industriezweige zu verteilen, was im Sinne der Risikominderung ein echter Vorteil sein kann.

Eine abschließende Warnung: Mehrere Industriezweige bilden einen Sektor. Wenn Sie also 15 Prozent in Halbleiterfirmen und 15 Prozent in Computerhersteller angelegt haben, müssen Sie bedenken, dass Sie jetzt mit 30 Prozent in Technologiewerten investiert sind und sich damit in erklecklichem Maße das Risiko des Technologiesektors aufhalsen.

Wie Sie sehen, ist die Einschätzung des eigenen Risikos ein wenig kompliziert. Behalten Sie deshalb diese Regeln immer im Hinterkopf. Sie mögen nicht immer den optimalen Mix zur Minimierung Ihres Risikos hinbekommen, aber wenn Sie in diese Richtung weiterarbeiten, wird Ihnen langfristig der Erfolg nicht versagt bleiben.

Nicht kleckern ...

Wie oft haben Sie schon den Ratschlag gehört, dass Sie bei Ihren Investments nach dem Prinzip des Kursdurchschnitts- oder Durchschnittskostenverfahrens vorgehen, das heißt regelmäßig gleich hohe Beträge investieren sollten. Dieses Anlageverhalten wird [besonders bei Investment-Sparplänen; Anm. d. Übers.] deshalb empfohlen, weil es das Risiko zu vermindern scheint. Da es eine längere Zeit dauert, bis Sie voll in ein Wertpapier investiert sind, reduziert sich die Wahrscheinlichkeit, dass Sie bei Höchstkursen kaufen. Indem Sie mit einem fixen Betrag in regelmäßigen Zeitabständen Anteile eines bestimmtes Wertpapiers nachkaufen, können Sie bei fallender Börse eine größere Stückzahl zu niedrigeren Kursen erwerben und bei steigender Börse auf alles, was sie gekauft haben, einen Gewinn machen. Das hört sich alles recht logisch an, aber hinter dieser Taktik verbirgt sich ein großer Nachteil.

Fakt ist, dass die Börse im Durchschnitt nach oben geht. Die Historie zeigt, dass die Kurse 75 Prozent der Zeit gestiegen sind. Wenn Sie demzufolge nach dem Kursdurchschnittsprinzip vorgehen, stehen die Chancen drei zu vier, dass Sie für ein nachgekauftes Papier einen höheren Preis bezahlen, als wenn Sie alles auf einmal investiert hätten. Strikt unter dem Gesichtspunkt der Einstandskosten ist das Kursdurchschnittsverfahren daher nicht die richtige Technik für den Aufbau einer Wertpapierposition.

Wenn dem so ist, warum halten sich dann so viele Anleger daran? Der Grund ist recht simpel: Sie möchten sich langsam und behutsam an eine Sache herantasten, um sich an das Risiko zu gewöhnen. Wenn Sie sich mit dem Gedanken tragen, nach dem Durchschnittskostenverfahren vorzugehen, kommt darin im Grunde Ihre Angst vor Verlusten zum Ausdruck. Ihr Instinkt sagt Ihnen, dass die Position, die Sie gerade eingehen wollen, zu riskant ist und dass, wenn der Markt unmittelbar danach abrutscht, Sie sich – mit Verlusten oberhalb Ihrer Toleranzgrenze – ziemlich mies fühlen werden.

Ein solches Gefühl sollte wie eine kalte Dusche auf Sie wirken, wie ein Alarmzeichen, dass das, was Sie zu tun beabsichtigen, nicht das Richtige für Ihr Portfolio ist. Denken Sie einmal darüber nach. Irgendwann, in nicht allzu ferner Zukunft, werden Sie voll in dieses Papier investiert sein, ob nach diesem System oder nicht. Wenn die Höhe des Risikos Sie zögern ließ, alles auf einmal zu investieren, sind Sie vielleicht generell dabei, zu hohe Risiken einzugehen, und Sie sollten sich überlegen, ob es nicht besser wäre, alles eine Nummer kleiner zu fahren.

Legen Sie nach, wenn Sie richtig liegen

Die meisten Anleger neigen dazu, eine Long-Position aufzustocken, wenn der Wert der Anlage *fällt*. Dabei sollten sie kaufen, wenn er *steigt*. Auch wenn es auf den ersten Blick wenig Sinn macht, bei jedem Kauf tiefer in die Tasche zu greifen, zeigt sich bei näherem Hinsehen, wie vernünftig diese Strategie ist.

Wenn Sie eine Long-Position eingehen, kaufen Sie ein Investment, bei dem Sie auf eine Preissteigerung spekulieren. (Richtig? Man braucht keine Intelligenzbestie zu sein, um das zu wissen.) Und wahrscheinlich, davon kann man sicherlich ausgehen, rechnen Sie mit einer Steigerung der Position um mindestens 20, wahrscheinlich 50 bis 100 Prozent. Andernfalls würden Sie das Risiko nicht eingehen. Wenn Ihr Kalkül also aufgeht, steigt das Papier und Sie können jederzeit nachlegen und mit jedem Anteil, den Sie akkumulieren, einen Gewinn einstreichen.

Wenn Sie also bei anziehendem Kurs Ihr Engagement vergrößern, damit Ihr Risiko und auch Ihren potenziellen Gewinn steigern, tun Sie das, weil Sie sich in Ihrer Meinung bestätigt sehen. Wenn Sie bei sinkendem Kurs zukaufen, weil Sie denken, so Ihre Kostenbasis senken zu können, tun Sie das, obwohl Ihre Meinung sich als falsch erweist. Zweifellos handeln Sie deshalb so, weil Sie immer noch überzeugt sind, Recht zu haben; vielleicht lagen Sie nur mit Ihrem Timing etwas daneben? Wenn Sie Recht haben, haben Sie Recht; Sie sollten abwarten, bis der Kurs wieder steigt.

Ich erzähle Ihnen eine Geschichte: Einmal spekulierte ich auf eine Hausse am Silbermarkt. Ich wollte eine Position mit 10 Kontrakten über 50 000 Unzen Silber aufbauen. Meine Gewinnziele waren 2 Dollar pro Unze und 100 000 Dollar auf die Gesamtposition. Ich kaufte zunächst zwei Kontrakte zu 5 Dollar pro Unze. Dann setzte ich für jeweils 2 Kontrakte Kaufstopps bei 5,06 Dollar, 5,12 Dollar, 5,18 Dollar und 5,25 Dollar pro Unze. Natürlich – es scheint fast ein Automatismus zu sein – entwickelte sich die Position zu meinen Ungunsten. (Dies ist eines der unveränderlichen Gallea'schen Gesetze des Marktes: Sobald ich eine Futures-Position eröffne, wendet sie sich unweigerlich gegen mich!). Silber fiel auf 4,90 Dollar pro Unze. Ich stellte meine Käufe ein.

Schließlich fiel der Preis auf 4,85 Dollar, aber der 15-prozentige Verlust lag bezogen auf 10 000 Unzen mit 1500 Dollar durchaus im Rahmen des Risikos, das ich mir bei der Silberposition erlauben konnte. Endlich stieg der Silberpreis und ich kaufte zu bei 5,06 Dollar und 5,12 Dollar. Bei der Marke von 5,12 Dollar lagen meine durchschnittlichen Kosten für 30 000 Unzen bei 5,06 Dollar. Ich setzte dann für die gesamte Position eine Stop-Loss-Grenze bei 4,92 Dollar. Die Position ging dann noch ein paar Cent nach oben, sauste dann aber in den Keller, und bei 4,92 Dollar wurde mein Engagement aufgelöst. Mein Verlust betrug 3 200 Dollar.

„Nicht besonders erfolgreich", werden Sie sagen, und mit Recht. Aber bedenken Sie: Ich setzte ungefähr 3000 Dollar für einen potenziellen Gewinn von 100 000 Dollar ein – eine vorzügliche Kosten-Nutzen-Relation von 33 zu 1. Die Frage ist, hätte ich weniger verloren, wenn ich bei rückläufigem Markt zugekauft hätte?

Überlegen Sie Folgendes: Sagen wir, ich hätte nach dem Kauf der beiden Kontrakte zu 5 Dollar pro Unze zwei weitere zu 4,94 Dollar gekauft. Hätte ich, als der Preis auf 5,12 Dollar stieg, die Position abgestoßen? Nicht bei einem Ziel von 7 Dollar. Ich hätte die Position gehalten und darauf spekuliert, bei weiter nachgebendem Preis nachzulegen. Bleiben wir bei diesem Szenario. Man kann davon ausgehen, dass ich angesichts des sinkenden Silberpreises bei 5,06 Dollar und erneut bei 5 Dollar nachgekauft hätte, insbesondere da der Kauf bei 4,94 Dollar mich dazu ermuntert hätte, nach der „Buy-

The-Dip"-Strategie in sinkende Kurse hinein zu kaufen. Natürlich hätte ich bei einem Stand von 4,94 Dollar ein Paar Kontrakte zusätzlich gekauft (Ist 4,94 nicht meine Glückszahl?). Ich hätte also dagestanden, long mit meinen 10 Kontrakten zum durchschnittlichen Einstandpreis von 4,98 Dollar pro Unze. Beim Preis von 4,92 Dollar hätte ich mit 50 000 Unzen einen Verlust von 6 Cent pro Unze oder insgesamt einen Verlust von 3000 Dollar gemacht. Aber, werden Sie sagen, der Verlust ist doch derselbe.

Sie haben Recht, aber in der realen Welt laufen die Dinge anders. Darauf trainiert, bei sinkenden Kursen zuzukaufen, wäre ich jetzt mental in einer Verfassung gewesen, die mir befohlen hätte, bei der Stange zu bleiben. Schließlich sind niedrigere Preise Kaufsignale, keine Verkaufssignale. Und so wäre der Verlust, wenn Silber auf 4,50 Dollar gefallen wäre, auf 25 000 Dollar und mehr explodiert. Würde ein Spekulant, der in einen Kursrückgang kauft, einen Sicherungsriegel vorschieben? Vielleicht, aber ich wette, dass Sie, lieber Leser, sofern Sie je in sinkende Kurse hinein gekauft haben, keinen Sicherungsstopp vorgesehen haben. Das tun Käufer dieser Spezies nicht.

Die Botschaft ist klar: Hätte ich Recht gehabt und Silber wäre auf 7 Dollar gestiegen, hätte es keinen großen Unterschied gemacht, ob meine durchschnittlichen Einstandskosten bei 5 Dollar oder 5,10 Dollar oder gar bei 5,25 Dollar gelegen hätten. Selbst 5,25 Dollar hätten einen Gewinn von 87 500 Dollar eingebracht – durchaus akzeptabel im Hinblick auf die anvisierten 100 000 Dollar. Aber was am wichtigsten ist: Ich hätte nachgekauft, je mehr der Markt meine Meinung bestätigt hätte. Ich hätte ein besseres und sichereres Gefühl gehabt. Wenn auch die Marktentwicklung mein Risiko vergrößert hätte, wäre dies zumindest im Rahmen eines mir wohl gewogenen Kursverlaufs geschehen. Und jedes Mal, wenn ich zugekauft hätte, hätte sich auf der bereits gehaltenen Position ein höherer Gewinn angesammelt.

Zum Schluss noch eine Bemerkung: Zu kaufen, wenn die Sterne günstig stehen, hält davon ab, auf Verlierer zu setzen. Wer in den Abwärtstrend kauft, kauft per Definition einen Verlierer.

Sehen Sie die Sache so: Wenn Sie sich im Laufe eines Investmentlebens von 30 Jahren nur die Gewinner mit ins Boot nehmen, meinen Sie nicht auch, dass Sie damit besser fahren, als wenn Sie es sich zur Gewohnheit machen, die Verlierer einzusammeln?

Harte Strafen für den „Sündenfall"

Jede Woche schreibe ich per E-Mail einen Newsletter an unsere Kunden. Ab und zu schreibe ich eine Rubrik zum Thema „Der Sündenfall".

Die Märkte sind grausam. Sie spüren Ihre Schwächen auf und spielen mit Ihnen Katz und Maus. Vielleicht die gemeinste Eigenschaft der Märkte ist diese: Sie können 1000 richtige Entscheidungen treffen. Sie können 1000 Mal hintereinander richtig liegen. Sie können 40 Jahre lang absolut perfekt sein und alle möglichen Reichtümer anhäufen. Aber Sie brauchen nur ein einziges Mal so richtig danebenzuhauen und die 1000 richtigen Entscheidungen sind komplett verspielt.

Eigentlich liegt das auf der Hand, aber die wenigsten Börsianer machen sich Gedanken darüber. Das Problem rührt aus der Tatsache, dass sich Reichtümer stückchenweise aufbauen, aber als Masse zugrunde gehen. Stellen Sie sich Folgendes vor:

Sie sind zu der Überzeugung gelangt, das Geheimnis der Börse geknackt zu haben. Sie und die Börse sind eins mit dem Universum. Sie sind ein Kind der Börse und sie kann und will Ihnen nicht weh tun. Und so „investieren" Sie Ihr ganzes Geld in die Aktie des Unternehmens XYZ Dideldum. Und siehe da, Fortuna lächelt und Ihre 10 000 Dollar verwandeln sich in 20 000 Dollar. Sie verkaufen XYZ Dideldum und kaufen ABC Dingsda (einen totgesagten Konkurrenten) und – peng! – wieder richtig. 20 000 Dollar verwandeln sich in 30 000 Dollar.

Vereinigte Mausefalle, Allesfresser AG, Dideldum-Didelda-Corporation und Lotossitz Pharma AG – Sie rasseln Ihre Knüller nur so herunter und Ihr Einsatz auf jedem Feld wird immer höher. Schließlich haben Sie mit 25 Versuchen 25 Treffer.

Nummer 26 ist ein „heißes" Unternehmen namens Sankt-Johanniswurz AG. Es hat, so glauben Sie, ein Heilmittel gegen Ärger entdeckt. Unbeschränkte Möglichkeiten! Leider haben Sie, nachdem Sie 25 Mal hintereinander richtig lagen, mit Sankt-Johanniswurz auf das falsche Pferd gesetzt – die Aktie fällt von 15 auf 2 Dollar und dann auf null. Ihr Sündenfall.

Sündenfälle haben fast immer ihre Ursache in zu hohen Risiken. Es ist die einzelne große Position, deren dezimierende Kursbewegung das Portfolio komplett zerstört. Der Sündenfall resultiert aus der Hybris, dem Ego und der Gier. Wenn, denken Sie logischerweise, 10 Prozent meines in eine einzelne Position investierten Portfolios gut sind, dann sind 20 Prozent besser. Und wenn 20 Prozent, warum nicht 50 Prozent?

Um den Sündenfall zu vermeiden, dürfen Sie Ihr Geld nur in winzig kleinen Happen anlegen. Dann können Sie auch mal falsch liegen und trotzdem überleben.

Teuer erkaufter Seelenfriede

Der Mensch sucht die Gemeinschaft mit anderen Menschen, um sich sicher und geborgen zu fühlen. Es ist eine Art Sippenverhalten, das wir in unserem sozialen Umfeld an den Tag legen, und dies überträgt sich auch auf unser Anlageverhalten.

Den meisten Menschen ist es unangenehm, allein zu sein. Ihnen ist nicht geheuer, in Aktien zu investieren, die vom größten Teil der Anlegergemeinde verschmäht und ungeliebt links liegen gelassen werden. Auch wenn wir von uns behaupten, wir seien unabhängig und handelten selbstständig, folgen doch die meisten von uns der großen Masse. Wir warten auf irgendeinen Experten (Meinungsmacher), der uns den Weg weist. Warum sonst sollte eine Aktie aufgrund eines bullishgestimmten Artikels im *Wall Street Journal* oder nach einer positiven Erwähnung in den Börsennachrichten plötzlich so nach oben schnellen?

Allerdings müssen Sie davon ausgehen, dass Sie, wenn Sie anderen das Denken überlassen (sich Ihren Seelenfrieden damit erkaufen, dass Sie mit der Herde grasen), einen Preis für diesen Komfort zahlen müssen. Der Preis wird auf die Aktie abgewälzt, und sie notiert entsprechend höher, noch bevor Sie sie kaufen konnten.

Das Geheimnis des Geldverdienens mit Aktien liegt darin, dass Sie vor allen anderen an die begehrten Stücke herankommen müssen, dass der Kurs eines Papiers nicht schon angestiegen ist, bevor Sie die Chance hatten zuzugreifen. Wenn Sie den bestmöglichen Preis bekommen wollen, müssen Sie kaufen, bevor es die anderen tun. Das heißt, dass Sie unabhängig von den anderen handeln müssen, dass Sie selbst hart arbeiten und eigene Recherchen anstellen müssen, anstatt sich von anderen am Gängelband führen zu lassen.

Trotz aller gegenteiliger Behauptungen ist erfolgreiches Geldanlegen harte Arbeit. Sie erfordert überlegen, planen und Disziplin. Aber harte Arbeit zahlt sich aus. Sie haben die Wahl. Lassen Sie die anderen Anleger die Arbeit machen und bezahlen dafür einen höheren Aktienpreis oder machen Sie die Arbeit selbst und streichen die Differenz ein.

Je höher das Risiko, desto reicher
ist – vielleicht – die Belohnung

Börse kann so viel für so viele Menschen bedeuten, dass wir manchmal aus dem Blick verlieren, was die Börse wirklich ist. Ähnlich wie ein Blinder, der einen Elefanten zu beschreiben versucht, indem er verschiedene Stellen seiner Haut abtastet, kann jeder von uns ein bisschen Recht haben und dennoch das große Ganze nicht treffen.

Im eigentlichen Sinne ist die Börse ein Risikotransfer-Mechanismus. Der eine Anleger, der an der Verminderung seines Risikos interessiert ist, verkauft ein Investment an einen anderen Anleger, der zur Übernahme des Risikos bereit ist. Der Risikokäufer rechnet damit, für sein Engagement in Form eines Profits entschädigt zu werden. Das eigentliche Bestreben aller Marktteilnehmer ist, solche Investments zu finden, bei denen sie für einen bestimmten Profit die wenigsten Risiken eingehen müssen.

Dass der Markt die Übernahme von Wagnissen belohnt, steht fest. Wenn diejenigen, die solche Wagnisse schultern, keine Belohnung erhielten, wäre das Spiel aus. Ohne Entschädigung übernähme kein Mensch ein Risiko. Natürlich herrscht bei Marktflauten ein Überangebot an Risikoscheuen und Knappheit an Risikofreudigen. Deshalb müssen die Preise den Risikofreudigen entgegenkommen – indem sie fallen.

Wenn Sie sich an der Börse engagieren, behalten Sie immer im Hinterkopf, dass die Börse ein Forum für den Risikotransfer unter den Marktteilnehmern ist. Mit Ihren Investmentaktivitäten nehmen Sie entweder Risiken auf sich oder geben sie ab. Wenn Sie Börse unter diesem Blickwinkel betrachten, konzentrieren Sie sich ganz zwangsläufig auf Ihre Risiken. Und was gibt es Wichtigeres für einen Investor als das?

Als Akteur auf einer Bühne, auf der Risikotransfer das zentrale Thema ist, tun Sie gut daran, diesem Ihre besondere Beachtung zu schenken. Lassen Sie sich nicht durch Gewinnwarnungen, Chart-Widerstandszonen oder Zinsprophezeiungen ablenken. Solcherlei gehört ohnehin zu Ihren Überlegungen, ob Sie ein Risiko eingehen oder abwerfen sollten.

12

Verkaufen

Nur was unterm Strich übrig bleibt, zählt

Sammelwut tut selten gut

Ein Erlebnis der kurioseren Art in meiner über 20-jährigen Karriere als Vermögensberater bescherte mir ein potenzieller Kunde während eines Informationsgesprächs in meinem Büro. (Sicherlich kennen Sie solche Termine. Sie sind auf der Suche nach einem neuen Berater und, mit Ihren Depotauszügen in der Tasche, gehen Sie zu einem Informationsgespräch.) Nennen wir diesen Kunden Joe.

Nach etwa 30-minütigem Vorgeplänkel bat ich ihn, mir seine Auszüge zu zeigen. In seinem Portfolio von 1,2 Millionen Dollar hatte er über 150 Positionen (ich machte wahrscheinlich Augen so groß wie kleine Teller). Darunter waren gut über 100 einzelne Aktien und wahrscheinlich drei Dutzend Fonds.

Ich bin auch heute noch überzeugt, dass Joe vermutlich alle jemals abgegebenen Steuererklärungen (seit 1957) sowie jeden Lebensmittel-Kassenbon, jeden Schuhkarton und jeden Theaterticket-Kontrollabschnitt aufbewahrt hat, der ihm je untergekommen ist.

Ich sagte ihm, kein Mensch der Welt könne ein Portfolio wie dieses in den Griff bekommen, ohne unzählige Arbeitsstunden in die Analyse von Korrelationen und Performance-Entwicklungen zu stecken. Kein Buchhalter, der je aufrecht gehen gelernt hat, würde sich zutrauen, all die Dividenden, Kapitalerträge, Kapitalverluste, Berichtigungen infolge von Aktiensplits und Kapitalisierungsänderungen zu berechnen. Und kein Vermögensberater, der Autor eingeschlossen, würde für ein derartiges Portfolio verantwortlich zeichnen wollen.

Ich gab Joe zu verstehen, dass er das Prinzip der Diversifizierung ad absurdum geführt habe. Zweifellos würde eine detaillierte und kostspielige Durchleuchtung seines Depots ergeben, dass sich sein Portfolio nach dem Wilshire-5000-Index, minus Gebühren, entwickelt habe.

Joe war Sammler, kein Anleger. Unfähig zu verkaufen, unfähig, der täglichen Dosis an Tipps und guten Ratschlägen zu widerstehen, kaufte er immer hier ein bisschen, dort ein bisschen. Ein Tipp beim Mittagessen reichte für 50 oder 100 Aktien. Wenn *Forbes* einen Artikel über Investmentfonds brachte, musste er von zwei oder drei der erwähnten Fonds jeweils ein paar Tausend Anteile besitzen. So ging es immer weiter.

Wer wusste, was dabei herauskam? Er wusste es nicht. Der Schöpfer des hundertköpfigen Monsters, von Furcht übermannt, was im Keller seines Finanzgebäudes lauern könnte, streckte in verstohlener Nervosität die Hand nach jemandem aus, der mit dem Schwert gegen das Monster vorgehen sollte.

Mein Rat an Joe war recht einfach: „Hier hilft nur eine Radikalkur. Ihre Kapitalerträge sind nicht der Rede wert, also gibt es steuerlich keine Probleme. Sollten Sie Kunde von uns werden, würde ich vorschlagen, dass Sie ungefähr 80 Prozent dieses Zeugs liquidieren. Nach einer Verkaufsliste, die wir Ihnen aufstellen, stoßen Sie die Papiere ab, so wie sie sind, dann bringen Sie uns einen Scheck und wir fangen von vorne an und strukturieren Ihr Portfolio neu."

Wie in der Ballade „Casey at the Bat" hoffe ich, dass irgendwo die Sonne immerzu scheint, dass sich Joes Investments alle einfach wunderbar entwickelt haben und dass er den Drachen erschlagen hat, bevor er von ihm gefressen wurde. Ich weiß es nicht. Joes Zukunft blieb mir verborgen und verschwand in einer Wolke aus Staub, aufgewirbelt von seinen wütenden Schritten, als er aus dem Büro zum Parkplatz stürmte. Ich lief ihm nach. „Hallo Joe, Sie haben ein paar Depotauszüge verloren."

Der Ausstieg ist wichtiger als der Einstieg

Zappen Sie in ein x-beliebiges Finanznachrichtenprogramm und Sie hören (das ist so sicher wie das Amen in der Kirche), wie ein Gast gefragt wird: „Was kaufen Sie jetzt?" Nichts dagegen einzuwenden. Die Leute wollen immer gern wissen, was andere – insbesondere die Experten – kaufen.

Doch die Sache hat einen Haken. Wenn sich nahezu 100 Prozent der Fragen um das Kaufen drehen, bleibt eine Hälfte der Investitionsgleichung auf der Strecke. Schließlich geht es doch beim Geldanlegen darum, dass Sie das, was Sie kaufen, am Ende auch verkaufen wollen; eine Hälfte Ihrer Aktivitäten dreht sich also um das Verkaufen. Und wenn die Hälfte Ihrer Arbeit rund um das Investieren mit dem Verkauf zu tun hat, sollte dieses Thema auch die Hälfte Ihrer Zeit beanspruchen.

Meiner Erfahrung nach ist die überwiegende Mehrheit der Anleger fast ausschließlich am Kaufen interessiert. Sie halten ständig nach neuen Gewinnchancen Ausschau. Sie vergessen, dass sie, um diese Gewinne zu realisieren, auch die Kunst beherrschen müssen, das Gekaufte zu verkaufen. Angesichts des mangelnden Interesses am Studium der richtigen Verkaufstechniken wundert es nicht, dass die meisten Börsianer jammern, wie schwer es sei zu wissen, wann man aussteigen soll.

Wann immer Sie eine Position eröffnen, denken Sie daran, dass Sie nur dann einen Gewinn realisieren, wenn Sie eine gute Ausstiegsstrategie haben. Sie müssen den Ausstieg ebenso beherrschen wie den Einstieg. Es ist wie im Theater. Nehmen Sie nicht immer das Schild EXIT oder NOTAUSGANG wahr? Wenn auch nur unbewusst? Wenn Sie im Flugzeug Platz genommen haben, weist die Flugbegleiterin auf die Fluchtwege und die EXIT-Schilder hin. Sie sollen heil aus einem brennenden Theater oder einem notgelandeten Flugzeug herauskommen.

Könnten Sie mir die Fluchtwege und NOTAUSGÄN-GE in Ihrem Portfolio zeigen?

Manchmal ist das Ganze nicht die Summe seiner Teile

In einem umgekehrten Aktiensplit werden Aktien in großer Zahl aus dem Verkehr gezogen und durch eine kleinere Anzahl ersetzt. Wenn beispielsweise 1 000 000 umlaufende Aktien zum Kurswert von 2 Dollar pro Aktie im Verhältnis 5 zu 1, also eine neue für fünf alte, gesplittet würden, müssten theoretisch 200 000 Aktien zu 10 Dollar pro Aktie herauskommen. Die Marktkapitalisierung von 2 000 000 Dollar bliebe dieselbe. Aber Tatsache ist, dass es nach einem umgekehrten Aktiensplit häufig zu einem Kursrückgang der Aktie kommt.

Umgekehrte Aktiensplits sind oft ein Zeichen dafür, dass ein Unternehmen in der Klemme steckt. Wenn man den Aktienkurs nicht durch Ertragssteigerungen aufbessern kann, versucht man, mithilfe des Aktiensplits und der Abschöpfung von Aktien nachzuhelfen. Man könnte fast sagen, dass der umgekehrte Aktiensplit jedermanns Aufmerksamkeit auf den armseligen Kurs der Aktie und die – vermutlich – armseligen fundamentalen Daten des Unternehmens lenkt.

Vater Staat verdient immer mit

Es kann nicht oft genug wiederholt werden: Die Steuern sind bei weitem der größte Bremsklotz für die Performance eines Portfolios. Dagegen sind Provisionen die reinsten Waisenkinder. Der Anleger stellt wer weiß was an, um bei einer Transaktion ein paar Dollar einzusparen, während die dafür anfallenden Steuern in die Tausende gehen können – ein Großteil davon wahrscheinlich unnötigerweise.

Für die Arbeit mit meinem Depot habe ich eine Excel-Arbeitsmappe auf meinem Laptop eingerichtet. Sie enthält 13 Arbeitsblätter, jedes einem anderen Aspekt meiner Strategie gewidmet. Jede Wertpapierposition hat eine Spalte mit dem Kaufdatum und eine weitere Spalte, die mir automatisch 30 Tage im Voraus signalisiert, wann dieses Papier aus steuerlicher Sicht langfristig wird [d. h. wann die Spekulationsfrist endet; Anm. d. Übers].

In den USA ist der Steuersatz auf kurzfristige Spekulationsgewinne ungefähr doppelt so hoch wie auf langfristige. Ein kurzfristiger Gewinn von 10 000 Dollar wird um etwa 4000 Dollar Steuern gekappt, während derselbe Gewinn im langfristigen Modus nur rund 2000 Dollar Steuern kostet. Kurz gesagt, wenn ich ein paar Tage warte, kann ich oft 50 Prozent Steuern sparen. [In Deutschland sind Spekulationsgewinne nach 12 Monaten komplett steuerfrei; Anm. d. Übers.]

Das Gegenteil ist bei Verlusten der Fall: Wenn schon Verluste, dann würde ich sie lieber als kurzfristiges denn als langfristiges Ereignis sehen. Je länger ich ein verlustbehaftetes Spekulationspapier halte, desto niedriger sind die auf den Verlust entfallenden steuerlichen Abschreibungssätze. [In Deutschland werden Verluste innerhalb von 12 Monaten komplett angerechnet; Anm. d. Übers.]

Solche steuerlichen Überlegungen kommen mir besonders zugute, wenn ich Wertpapiere derselben Gattung zu verschiedenen Zeiten kaufe, was ich oft tue, wenn ich spekulativ handle (wenn ich investiere, kaufe ich in der Regel nur einmal). Wenn ich nur ein- oder zweimal im Jahr einen kurzfristigen Gewinn vermeiden oder verhindern kann, dass ein Verlust langfristig wird, mache ich mit dieser Steuerersparnis alle meine Transaktionskosten (Händlerprovisionen, Abwicklungsgebühren etc.) wieder wett.

Steuern sind bei meinen Börsenaktionen bei weitem der größte Ausgabeposten. Und da ich meine Investments als das betrachte, was sie sind, nämlich Geschäfte, behalte ich meine Ausgaben streng im Auge. Niedrigere Ausgaben erhöhen meinen Gewinn. Und das ist ja schließlich der Zweck der ganzen Investmentübung.

Wo Rauch ist, ist auch Feuer

Ich habe in den letzten Jahren viele Male erlebt, wie Unternehmen (darunter einige erstklassige Namen und Marken) Unregelmäßigkeiten im Rechnungswesen, manchmal in den von ihnen frisch akquirierten Firmen, bekannt geben mussten. Aber mit Betrugsfällen verhält es sich meistens wie mit Küchenschaben: Hat man erst eine entdeckt, weiß man, dass sich noch andere hinter der Holzverkleidung verstecken. Oft folgen der ersten Enthüllung von Mogeleien noch weitere, die den Aktienkurs bestenfalls niedrig halten und schlimmstenfalls noch tiefer in den Keller befördern.

Betrügereien schaffen oftmals totes Kapital, das erst wieder lebendig wird, wenn die Fakten alle auf dem Tisch liegen und die Unternehmensleitung die Probleme gelöst hat. Häufig bleiben die Kurse aber auch weiterhin auf Talfahrt, weil sich infolge der Machenschaften erhebliche Unsicherheit breit gemacht hat. Begleitet werden die Enthüllungen in der Regel von Herabstufungen durch die Analysten – nicht gerade das, was als „Katalysator" jetzt notwendig wäre, um den Kurs wieder aufzubessern. Verkaufen Sie das Papier, begrenzen Sie Ihre Verluste und nutzen Sie bessere Chancen.

Es macht keinen Sinn, die Blumen auszureißen und das Unkraut zu gießen

„Verlierer verkaufen, Gewinner laufen lassen." Klingt simpel und logisch, oder? Wenn man die Verlierer zurückstutzt, besitzt man am Ende ein Portfolio, das im Wesentlichen aus Gewinnern besteht. Eigentlich sollte man denken, dass der Anleger das automatisch tut, aber weit gefehlt. Oft hält er seine Verlierer fest in der Hoffnung, seine Verluste wieder wettmachen zu können, und verkauft stattdessen seine Gewinner. Macht das Sinn?

Wohl kaum, aber sich einen Verlust einzugestehen tut weh. Also halten wir an unseren Verlierern fest und klammern uns wider alle Vernunft an die Hoffnung, dass sich ihr (und unser) Glück wendet. Meistens passiert das nicht. Vielmehr müssen wir zusehen, wie unsere Papiere tiefer und tiefer ins Minus sacken. Gleichzeitig winkt die Versuchung, bei unseren Rennern Gewinne mitzunehmen. Folge: Wir verabschieden uns zu früh von unseren guten Papieren und schauen in die Röhre, wenn die Kurse höher und höher klettern.

Der Schlüssel zu einem sprießenden Portfolio ist, die Gewinner sich wie Blüten entfalten zu lassen und die Verlierer im Keim zu ersticken. Sicher leuchtet Ihnen das instinktiv ein. Schließlich ist es das Ziel aller Investmenttätigkeit, Gewinn zu machen. Verlierer sind Kapitalverzehrer, manchmal fressen sie sich in geometrischer Formation vor. Untersuchungen zeigen, dass Aktien, die neue Hochs erklimmen, sich gern noch höher schwingen, und Papiere, die auf neue Tiefs fallen, eine Zeit lang bestenfalls unproduktiv verharren und oft vom Schicksal ausersehen sind, in noch tiefere Tiefen abzustürzen.

Verkaufen, wenn der Wind sich dreht

Beim Kauf eines Wertpapiers lassen wir uns in der Regel von mindestens einem der folgenden Gründe leiten:

▲ Unsere Analysen sagen uns, dass die Aktie im Verhältnis zu dem voraussichtlichen Gewinn des Unternehmens unterbewertet ist.

▲ Kurs- oder Umsatztrends lassen vermuten, dass die Aktie steigen wird.

▲ Entwicklungen im Unternehmen oder in seiner Branche versprechen einen Kursanstieg.

Wenn wir den Kauf bestimmter Aktien anvisieren, entwickeln wir zunächst einmal eine „Story", die uns die Argumente für den Kauf liefert. Nehmen wir an, wir interessierten uns für den Technologiesektor und hier vor allem für den Markt für Massenspeicher, der sich solcher Schwergewichte wie IBM Corp., EMC Corp. und Storage Technologies rühmt. Unsere „Story" mag folgendermaßen lauten:

Mit der explosionsartigen Entwicklung des Internets und seiner riesigen Datenmengen (die Millionen von Websites zum Beispiel) wächst die Notwendigkeit der Informationsspeicherung. Dies wiederum kurbelt den Bedarf an Massenspeichern an, was den Aktien der entsprechenden Unternehmen einigen Auftrieb geben dürfte.

Wohl wissend, dass es solides Investmentgebaren ist, seinen Einsatz auf ein paar dieser Aktien zu verteilen, anstatt eine einzige große Wette zu wagen, kaufen Sie drei Branchenführer. Zwei verhalten sich wie erwartet und beginnen kurz nach dem Kauf zu klettern. Ein drittes Papier entwickelt sich noch imponierender und springt in ziemlich kurzer Zeit um fünf Punkte (etwa 20 Prozent) kurz vor einem Höhenflug, und die Analysten schrauben ihre Ratings immer höher.

Aber wenn sich der Wind dreht, dann dreht er sich schnell. Zunächst bröckeln die Kurse leicht, worin Sie eine Konsolidierung nach dem Senkrechtstart sehen. Aber dann gibt Ihr drittes Unternehmen eine Gewinnwarnung heraus und die Aktie saust in den Keller, um sich erst wieder bei einem Kurs zu fangen, der unter Ihrem Einkaufspreis liegt. Sie sollten sich von dem Papier trennen.

Wenn sich die „Story" einer Aktie ändert, bedeutet das im Allgemeinen, dass die Aussichten nicht mehr mit Ihrer ursprünglichen Anlagetheorie übereinstimmen. Hinzu kommt, dass das Unternehmen die Wall Street (und ihre Analysten-Sponsoren) enttäuscht hat – geradezu ein Verbrechen im heutigen Investmentumfeld – und der Kurs infolgedessen oft eine Zeit lang, mindestens ein oder zwei Quartale, manchmal auch länger, vor sich hin dümpelt. Der Punkt ist: Der Wind hat sich gedreht, die Zeichen stehen auf Sturm. Grund genug für Sie, das Papier abzustoßen.

Kurszielstrebigkeit

Erfolgreiches Geldanlegen ist mehr als erfolgreiches Stock Picking. Das gilt besonders für spekulative Werte, bei denen wir einen schnellen Dollar machen möchten. Zweifellos müssen wir für jeden Kauf einer Aktie stichhaltige Argumente haben – es muss eine „Story" geben. Aber wir müssen auch wissen, was wir hinterher mit dem Papier machen wollen. Das heißt, wir brauchen eine Spielstrategie.

Kernelement dieser Spielstrategie oder Taktik sollte sein, für jede gekaufte Aktie ein Kursziel anzuvisieren. Wenn wir die Argumente erarbeitet haben, die den Erwerb einer Aktie rechtfertigen, sollten wir auch eine gewisse Vorstellung davon haben, wie sich unserer Erwartung nach die Aktie entwickeln wird. Mit anderen Worten: Wir sollten einen Kurs festlegen, bei dem wir verkaufen wollen.

Ein Kursziel zu fixieren bedeutet nicht unbedingt, dass Sie das Papier bei Erreichen dieses Kurses verkaufen *müssen*. Vielleicht hat sich inzwischen die Story des Unternehmens geändert – beispielsweise könnten die Gewinne die Schätzungen übertroffen haben – und es lohnt sich, die Aktie zu halten. Das Erreichen des beim Kauf festgelegten Kursziels ist jedoch ein Signal, dass es Zeit für eine Neubewertung der Aktie ist.

Geht die Aktie nicht mehr nach oben, sollten Sie sich von ihr trennen und das Geld in ein lukrativeres Investment stecken. Eine Geldmarktposition ist allemal eine bessere Geldanlage als eine Aktie, die auf der Stelle tritt oder abrutscht.

Auf der anderen Seite unterschätzen wir, insbesondere in einer kräftigen Hausse, oft die Dynamik, die eine Aktie in die Höhe treibt. Ich spreche hier nicht einfach von einer Aktie, die deshalb immer weiter steigt, weil der Markt insgesamt anzieht; sie verdankt ihren Anstieg der Tatsache, dass „neue" Käufer auf den fahrenden

Börsenzug aufspringen. Ich spreche davon, einen Gewinner herausgepickt zu haben oder an einer Aktie angedockt zu haben, die extrem unterbewertet ist, wo die Erträge explodieren und die von einem Höhepunkt zum nächsten schwebt. Solche Werte, insbesondere diejenigen, die auf einem kräftigen Langfristtrend reiten, können oftmals unsere konservativ kalkulierten Kursziele über den Haufen werfen. Wenn das passiert, geht es manchmal ab wie eine Rakete – schnallen Sie sich an und genießen es!

Sie sollten nicht Ihre Gewinner ausmustern (Ihre Blumen ausreißen), um Ihre Verlierer zu halten (Ihr Unkraut gießen). Wenn Sie gut gewählt haben, bleiben Sie dabei. Schrauben Sie Ihre Kursziele höher, aber setzen Sie Zwischenstopps, um zu sehen, wie sich Ihr Investment entwickelt.

Von Gewinnmitnahmen ist noch nie jemand arm geworden

Verkaufen Sie, wenn Sie in sehr kurzer Zeit einen exorbitanten Gewinn gemacht haben (zum Beispiel 80 Prozent binnen eines Monats). Gelegentlich entwickelt sich ein Papier kurzfristig dramatisch zu Ihren Gunsten – 20, 30 oder 40 Prozent Gewinn. In den meisten Fällen hat irgendeine Neuigkeit den Kurs in diese Höhen katapultiert.

Auch wenn es zutrifft, dass eine kursbestimmende Information meistens über einen längeren Zeitraum als jenem, der unmittelbar auf eine solche Information folgt, diskontiert wird, mag es Sinn machen, einen schnellen Gewinn zu realisieren. Eine rasante Kursbewegung, besonders einer Aktie, kann oft durch Leerverkäufer ausgelöst worden sein, die ihre Short-Positionen sofort zurückkaufen müssen. Diesem häufig einmaligen Phänomen folgt meist eine Phase, in der sich der Kurs wieder zurückbildet. Sie können entweder bei einem niedrigeren Kurs Ihre Position wieder aufbauen oder sich einer anderen Anlage zuwenden.

Börsianer nehmen Dividenden-
kürzungen übel

Dividendenkürzungen tun weh. Sie sind das öffentliche Eingeständnis eines Unternehmens, dass es sein Geld strikt zusammenhalten muss und dass es wohl noch mehrere Quartale dauern wird, bis sich die Geschäftsaussichten wieder bessern. Andernfalls wäre die Dividende nicht gekappt worden.

Dividendenkürzungen müssen nicht zwangsläufig Kursverluste nach sich ziehen. Manchmal ist die Kürzung auch nur der Gnadenstoß für einen schon länger dauernden Kursverfall und danach kann sich die Aktie wieder stabilisieren. Der Markt hat ein Gespür dafür und nimmt diese Dinge im Allgemeinen vorweg.

Doch muss man fairerweise sagen, dass das Papier meistens eine ganze Zeit lang als totes Kapital verharrt und deshalb die Überlegung rechtfertigt, ob man nicht besser aussteigen und die frei werdenden Mittel in lohnendere Investments stecken sollte.

Haussen sterben im Übermut

Mit euphorischen Kursbewegungen ist schwer umzugehen. Man möchte Gewinne mitnehmen, bevor sie ver-
puffen, aber man möchte auch nicht voreilig verkaufen,
da sich Mini-Manien über Monate oder gar Jahre halten
können. Börsenhistoriker meinen, spekulative Euphorien
entwickelten sich nach der Theorie des größeren Dumm-
kopfs: Egal wie idiotisch hoch der Preis ist, den man
bezahlt – es kommt immer ein noch größerer Idiot
vorbei, der einem die Aktie zu einem noch höheren Preis
aus der Hand reißt.

Es ist bekanntlich schwierig, diese Dinge abzuschätzen, aber achten Sie auf folgende Signale:

▲ massive Insider-Verkäufe nach einem kräftigen Kurs-
sprung;
▲ durchweg positive und breit gestreute Nachrichten
über ein Unternehmen;
▲ es ist schwierig sich vorzustellen, was den Aktienkurs
nach unten treiben könnte;
▲ grundlegende Bewertungsmaßstäbe wie KGV am
oberen Ende der historischen Entwicklung der Aktie;
▲ ein Kursanstieg um 100 Prozent oder darüber.

Alle diese Faktoren deuten auf dasselbe hin. Das Unternehmen und seine Story sind in aller Munde, die Anleger
haben wie wild gekauft, der Kurs reflektiert diese Hausse-
Stimmung und die Insider (diejenigen, die das Unternehmen kennen) verkaufen in die Kursrallye.

Manchmal passiert es, dass Sie eines dieser Papiere
verkaufen, und es steigt weiter und weiter. Aber Sie
glauben gar nicht, wie oft ein Verkauf mitten in einer
Rallye Sie vor Schlimmem bewahren kann.

Besser zu früh als zu spät

Stellen Sie sich einen Bewertungsmaßstab wie die Saite einer Geige vor. Je höher der Ton, desto gespannter die Saite. Je tiefer der Ton, desto lockerer die Saite. Wenn Sie eine straff gespannte Saite immer ungestümer streichen und zupfen, bringen Sie sie zum Reißen – es macht pling und sie schnellt mit ziemlicher Vehemenz zurück. Umgekehrt können Sie eine locker gespannte Seite getrost weiterzupfen – es muss schon ein gerüttelt Maß mehr Kraft auf sie einwirken, um sie zum Reißen zu bringen.

Genauso ist es mit Bewertungen. Eine Aktie, die ein dreistelliges Kurs-Gewinn-Verhältnis aufweist, klingt prächtig und mit jedem Zupfen noch prächtiger ... die Aktie steigt. Aber während sie das tut, braucht es immer mehr Kraft (Kaufkraft), um sie höher zu treiben. Irgendwann kommt der Moment, wo der Kurs „reißt" und ins Purzeln gerät.

Oft heißt es von solchen Aktien, ihr Preis sei „perfekt". Dazu kann ich nur sagen, dass die Welt alles andere als perfekt ist. Wenn Sie ein Papier mit einem perfekten Preis besitzen, sollten Sie es beim ersten Anzeichen von Nicht-Perfektion besser abstoßen. Ehrlich gesagt, ein „perfektes" Papier ist in dem Moment verkaufsreif, in dem jemand es als solches tituliert. Der Spatz in der Hand ist in diesen Dingen unendlich viel besser als die Taube auf dem Dach.

Wenn Fortuna lächelt

Haben Sie auch schon einmal erlebt, dass sich eine gerade eröffnete Position aus irgendwelchen Gründen, die nichts mit Ihrer Anlagetheorie zu tun hatten, zu einem satten Gewinner gemausert hat? Wenn das passiert, verkaufen Sie auf der Stelle. Das Glück war Ihnen hold. Stehen Sie zu Ihrem Glück und streichen Ihren Gewinn ein.

Ich kann mich erinnern, dass ich einmal für die Gegentrend-Depots unserer Klienten einen Block AETNA-Aktien kaufte. Ich hatte eine Analyse des Unternehmens erstellt, nachdem ich beobachtet hatte, dass das Papier um 50 Prozent eingeknickt war. Ertragssorgen aufgrund eines rauen Wettbewerbsklimas kombiniert mit einer Gewinnwarnung des Unternehmens und anschließendem Gewinnrückschlag hatten die Aktie auf Talfahrt geschickt. Ich war zu dem Schluss gekommen, dass das Papier unterbewertet, daher preiswert zu haben war und stieg mit einem Gewinnziel von 50 Prozent ein. Völlig aus heiterem Himmel wurde dem Unternehmen ein Übernahmeangebot gemacht. Ich zögerte nicht lange und verkaufte.

Ich hätte argumentieren können, dass der Käufer das Unternehmen für genauso wertvoll hielt wie ich. Ich hätte mir selbst gegenüber darauf beharren können, dass meine These immer noch galt und ich bei der Stange bleiben sollte. An die Möglichkeit einer Übernahme des Unternehmens hatte ich indessen nie gedacht. Als sie sich abzuzeichnen begann, wurde die Unterbewertung teilweise wieder wettgemacht und ich operierte daraufhin in einem Umfeld, das man besser den Arbitrageuren überlässt.

Auch wenn wir nicht unseren angestrebten 50-prozentigen Gewinn machten, wusste ich, dass Fortuna uns gewogen war. Die Übernahme wurde schließlich abgewendet, aber selbst wenn sie zu einem noch höheren Preis zustande gekommen wäre, hätte ich nicht im Zorn zurückgeblickt. Glück ist Glück, aber wer sich auf Glück verlässt, ist verlassen!

13

Spekulieren

Spiel mit dem Feuer

Greifen Sie nie in ein fallendes Messer

Wenn eine Aktie, ein Future oder eine Option in den freien Fall gerät, gibt es immer wieder Anleger, die in diese Abwärtsbewegung hinein kaufen. Davon ist dringend abzuraten.

Erstens: Wenn Sie während eines Preisverfalls kaufen, holen Sie sich eine Position in Ihr Depot, die offensichtlich von irgendeiner kursbestimmenden Nachricht beeinflusst wird. Ob Sie der Nachricht Glauben schenken oder nicht, in der Hektik des Augenblicks ist kein Platz für tief schürfende Analysen. Sie müssen also zunächst davon ausgehen, dass der Markt Recht hat und die Nachricht relevant ist. Das sollte Ihnen Grund genug sein abzuwarten.

Zweitens: In eine Schwäche hinein zu kaufen bedeutet, dass Sie gegen den Trend operieren, und wie wir alle wissen: The trend is your friend. Sie brauchen sehr gute Argumente, um gegen den Trend zu wetten – Ihr Gefühl aus dem Bauch heraus reicht da nicht. Ein Kauf in den freien Fall ist im Endeffekt eine Aktion gegen den Trend, was immer ein fragwürdiges Unterfangen ist.

Drittens: Bei einem Kauf in einen Kursrutsch hinein versuchen Sie im Grunde, den Kurstiefpunkt zu erwischen – nahezu eine Unmöglichkeit. Sollte Ihnen das tatsächlich gelingen, haben Sie meist mehr Glück als Verstand gehabt. Ein Dutzend Versuche münden vielleicht in einem oder zwei Treffern.

Machen wir uns nichts vor. In eine Marktschwäche hinein wird deshalb gekauft, weil der Preis billig erscheint. Aber der neue „billige" Preis ist möglicherweise der neue teure Preis. Prüfen Sie in aller Ruhe, wohin die Reise geht. Behalten Sie einen kühlen Kopf und lassen Sie erst einmal Ruhe einkehren, bevor Sie wieder in den Ring steigen.

Kaufen Sie nie auf Pump

Den kreditfinanzierten Wertpapierkauf nennt man auch „das Investment hebeln". Sie nehmen einen Kredit auf gegen Verpfändung Ihrer Wertpapiere und investieren die aufgenommenen Gelder in weitere Positionen. Ein Rechenexempel soll das klar machen.

Sie besitzen 1000 XYZ-Dideldum-Aktien zu 20 Dollar pro Anteil. Überzeugt, dass sie steigen werden, leihen Sie sich zusätzlich 10 000 Dollar unter Verpfändung Ihrer bereits im Depot befindlichen Papiere und kaufen weitere Anteile. Sie haben jetzt 1500 Aktien und schulden Ihrem Broker 10 000 Dollar. Ein überraschender Gewinneinbruch drückt die Aktie über Nacht auf 12 Dollar. Ihre 1500 Aktien sind jetzt nur noch 18 000 Dollar wert. Aber Sie sind Ihrem Broker immer noch 10 000 Dollar schuldig. Der Nettowert Ihrer Position, nach Abzug des Kredits, hat sich von 20 000 auf 8000 Dollar reduziert. Hätten Sie die Position nicht kreditfinanziert, besäßen Sie XYZ-Aktien im Wert von 12 000 Dollar.

Wertpapierkäufe auf Kredit haben einen Hebeleffekt auf Ihr Ergebnis, sowohl nach oben als auch nach unten. Aber vielleicht noch wichtiger ist der Hebel für Ihre Emotionen. Sie überhitzen Ihre Gefühle, die guten wie die schlechten. Entwickelt sich die Position zu Ihren Ungunsten, verstärkt sich Ihre Furcht, entwickelt sie sich zu Ihren Gunsten, steigt Ihre Gier.

Das heißt, Ihr Kopf ist umnebelt, wenn klares Denken gefragt ist.

Margenkäufe verleiten auch dazu, der Risikokontrolle den Rücken zu kehren – mit verheerenden Folgen. Während 20 000 Dollar für 10 Prozent Ihres 200 000-Dollar-Portfolios standen, repräsentiert die neue Position von 30 000 Dollar jetzt 15 Prozent Ihres Portfolios – eine Risikosteigerung um 50 Prozent. Als Sie ursprünglich diese Position eingingen und sie cash bezahlten, haben Sie vermutlich Ihr Risiko berechnet und hielten 10 Prozent für akzeptabel. In Ihrer Euphorie (einem Zustand mentaler Destabilisierung) haben Sie dieses Risikolimit kurzerhand über Bord geworfen und die Position mit Krediten ausgebaut.

Last, but not least: Kreditfinanzierte Börsengeschäfte können wie eine Droge sein. Das Schlimmste, was Ihnen passieren kann, ist, dass Sie bei Ihrem ersten Wertpapiergeschäft auf Pump einen Volltreffer landen. Nein, vielleicht ist das noch nicht das Schlimmste. Das Schlimmste ist, wenn Sie auch das zweite Mal gewinnen. Jetzt sind Sie nicht mehr zu bremsen. Überzeugt, dass Sie Ihren Parforceritt zu Reichtum ein weiteres Mal beschleunigen können, gehen Sie beim dritten Versuch zu weit.

Das ist wahrscheinlich der Moment, wo es Mister Market zu bunt wird und er Ihrer Dummheit ein Ende bereitet.

„Manchmal ist es der reine Kaufzwang"

Es war ein Freund und Broker, der diesen Satz Anfang der 80er-Jahre zu mir sagte. Er war ein alter Hase, der sich noch daran erinnerte, wie er die Kursnotierungen mit Kreide auf eine Tafel schrieb. Inzwischen ist er nicht mehr unter den Lebenden, aber seine Worte sind mir im Gedächtnis haften geblieben.

Er kommentierte damit mein Erstaunen, als die Anleger damals die Kurse von Öl- und Gaswerten in immer höhere Höhen trieben. Sofern man nicht tatsächlich den Prognosen für einen Ölpreis von 100 Dollar pro Barrel Glauben schenkte, herrschte damals ein eklatantes Missverhältnis zwischen Aktienkursen und Fundamentaldaten.

Er wollte damit sagen, dass sich die Leute, wenn sie etwas haben wollen, wer weiß welche Argumente einfallen lassen, um ihr Handeln zu rechtfertigen. Anfang der 80er-Jahre stieg Öl auf 100 Dollar pro Barrel und Gold auf 1000 Dollar pro Unze. 1999 spielten Gewinne keine Rolle und Kurs-Gewinn-Verhältnisse waren irrelevant. In beiden Fällen wollten die Leute einfach nur kaufen – der Verstand überließ den Emotionen das Feld.

Die Sache liegt auf der Hand, ist aber wichtig genug, um im Auge behalten zu werden. Die Leute tischen Ihnen jede Menge Theorien und Begründungen auf, warum Sie für eine Aktie das 400fache des Unternehmensgewinns bezahlen sollen. Alles klingt vollkommen vernünftig. Meistens ist es der schiere Kaufzwang, der sie umtreibt.

14

Aktien

Ein Stück Zukunft

Wenn Sie einen Freund brauchen, schaffen Sie sich einen Hund an

Machen Sie sich nichts vor. Jene heiße kleine Aktie, die gestern um 50 Prozent zulegte, ist nicht Ihre Freundin. Sie ist nicht Ihr treuer Kamerad. Und da sie nicht Ihre Freundin oder Ihr Ehegespons ist, sollten Sie sich auch nicht in sie verlieben.

Sie kann gemein und hinterhältig sein. Sie kann Ihnen wegen lausiger 10 Cent an die Gurgel springen und Sie ruinieren. Was immer Sie tun, hängen Sie Ihr Herz nie an eine Geldanlage. Sie wollen Freundschaft? Schaffen Sie sich einen Hund an. Sie wollen Ärger? Verlieben Sie sich in ein Investment.

Nicht alles auf eine Karte setzen

Dies ist eines der schwierigsten Kapitel, mit denen sich jeder Anleger herumschlagen muss.

Viele Unternehmen gewähren ihren Mitarbeitern als Teil ihres Arbeitsentgelts Aktien, Aktienoptionen oder die Möglichkeit, Aktien unter dem aktuellen Kurswert zu erwerben. Die Aktie als Vergütungsbestandteil ist also nicht zu verachten, und es macht Sinn, das Programm Ihres Arbeitgebers zu nutzen. Die Frage ist nur, wie stark die Aktien Ihres Unternehmens in Ihrem Gesamtportfolio vertreten sein sollten.

Ich habe mich 20 Jahre lang mit dieser Frage beschäftigt, sowohl in meinem eigenen als auch im Interesse vieler Kunden aus vielen Unternehmen.

Unter dem Gesichtspunkt strikter Risikokontrolle sollten die Aktien Ihres Unternehmens nicht mehr als 10 bis 15 Prozent Ihres Portfolio ausmachen. Ist Ihr Arbeitgeber Branchenführer, betrachten Sie diese Aktie stellvertretend für die Branche. Eigentlich bin ich nicht dafür, mehr als 15 Prozent eines Portfolios in eine einzelne Branche zu investieren, aber da ich weiß, dass dies unmöglich ist, wenn man noch nicht ausübbare Aktienoptionen (Unvested Stock Options) oder an bestimmte Auflagen geknüpfte Aktienpositionen (Restricted Stock) besitzt, muss man diesen Richtwert wohl breiter fassen.

Eine weitere, von mir voll unterstützte Faustregel besagt, dass Sie nicht mehr als 50 Prozent Ihres zur Verfügung stehenden Kapitals in Aktien Ihres Arbeitgebers binden sollten. Im ungünstigen Fall hieße das: Wenn die Aktie um die Hälfte einbricht, vermindert sich Ihr Kapital nur um ein Viertel (die Hälfte der Hälfte). Auch wenn dies mit Sicherheit ein schmerzlicher Schlag wäre, machte er Sie sicherlich nicht zum finanziellen Krüppel. Wenn umgekehrt die Position um mehr als 50 Prozent steigt, empfehle ich, sie zurückzufahren oder die Käufe zu reduzieren, damit sich das Wachstum der Position verlangsamt.

Bei Ihren anderen Investments sollten Sie das ungewöhnlich hohe Risiko mit ins Kalkül ziehen, das die Aktie Ihres Arbeitgebers repräsentiert. Nehmen Sie zum Beispiel die Mitarbeiter von Xerox Corporation im Jahr 2000. Sie mussten zusehen, wie die Aktie ihres Unternehmens innerhalb weniger Monate von 65 auf 15 Dollar abstürzte. Stellen Sie sich vor, Sie hätten 25 Jahre für die Firma gearbeitet und hätten in der Zeit einen Bestand von 25 000 Anteilen angesammelt, nur um erleben zu müssen, wie wenige Wochen vor Ihrer Pensionierung der Wert Ihrer Anteile von 1 625 000 auf 375 000 Dollar schrumpft. Jahrzehnte geduldigen Vermögensaufbaus gingen in wenigen Monaten den Bach runter. (Natürlich birgt jedes Wertpapier dieses Risiko.)

Mein Rat: Wenn Sie beispielsweise für einen Computerhersteller arbeiten und am Aktienplan Ihres Unternehmens teilnehmen, investieren Sie *sonst keinen Cent* in Hochtechnologiewerte. Mit den Aktien Ihres Arbeitgebers sind Sie schon genug an diesem Sektor beteiligt. Gehen Sie mit Ihren anderen Investments nur in solche Bereiche, die keine starke Korrelation mit dem Hightechsektor aufweisen – etwa in Immobilienfonds.

Bei der Strukturierung Ihres Portfolios vergessen Sie nicht, alle Ihre Aktien zu berücksichtigen. Ob mit Auflagen verbundene Aktien, ob noch nicht ausübbare Optionen (setzen Sie in Ihrer Aufstellung die Spanne zwischen Optionspreis und aktuellem Marktpreis an) oder frei verfügbare Aktien: Beziehen Sie alle ein und ordnen Sie sie den jeweiligen Kategorien Ihres Portfolios zu – Standardaktien, Nebenwerte oder welche Anlageklasse sie auch immer repräsentieren.

Lassen Sie die Akkumulierung von Anteilen nicht zur Obsession werden. Manche Leute ergötzen sich geradezu daran, ihre Aktien zu zählen, und je mehr sich ansammeln, desto versessener werden sie darauf, noch mehr aufzutürmen. Es gibt sicherlich bessere Betätigungsfelder.

Wenn die Aktie Ihres Unternehmens überproportional zugelegt hat, wenn sie ein Jahr hinter sich hat, das all Ihre Erwartungen übertraf, überlegen Sie sich, ob Sie nicht etwas verkaufen und einen Teil Ihrer Hypothek abbezahlen. Wenn möglich, tilgen Sie Ihre gesamte Hypothek. Vergessen Sie nicht: Solange Sie nichts verkaufen, bringen Ihnen Ihre Aktien gar nichts. Ihr Gewinn ist gleich null. Solange Sie Aktien nicht in klingende Münze umsetzen, sind sie nur Papier. Mit dem konkreten Schritt der Tilgung Ihrer Hypothek transferieren Sie einen Teil Ihres Vermögens in eine messbare Verbesserung Ihrer Lebensqualität. Egal was Ihnen sonst noch widerfährt, Ihr Haus gehört Ihnen.

Gerät ein Unternehmen wirtschaftlich in die Bredouille, wird in der Regel als Erstes Personal abgebaut. Das Schlimmste ist dann nicht, zusehen zu müssen, wie der Aktienkurs ins Trudeln gerät, sondern selbst vom Personalabbau erfasst zu werden und den Job zu verlieren. In der Geschichte der Börse wimmelt es von Investoren, die zu lang ausgeharrt haben, die auf der Party gern gesehene Gäste waren, aber einfach nicht wussten, wann es Zeit war aufzubrechen.

Sehen Sie die Sache so: Sie üben keinen Verrat an Ihrem Arbeitgeber, wenn Sie die Zukunft Ihrer Familie absichern. Es ist kein Zeichen von Undankbarkeit, wenn Sie Vorsorge für Ihre Lieben treffen. Arbeitgeber gewähren ihren Mitarbeitern Leistungen in Form von Aktien als Entgelt für gute getane Arbeit. Es ist erst dann ein echtes Entgelt, wenn Sie Kasse machen.

Bergab geht es schneller als bergauf

Eine der härtesten Kröten, die ein Börsianer zuweilen schlucken muss, ist, dass er sich vielleicht über lange Zeit und mit großen Mühen den Weg nach oben erkämpft hat, nur um erleben zu müssen, wie der Markt in einem Bruchteil dieser Zeit zusammenbricht. Aktien und Märkte fallen schneller als sie steigen.

Ich habe oft darüber nachgedacht, warum das so ist. Eigentlich könnte man doch erwarten, dass es aufwärts genauso schnell oder langsam geht wie abwärts. Wie kommt es, dass eine Abwärtsbewegung viel rasanter vonstatten geht?

Ich stelle mir den Hergang etwa folgendermaßen vor: Wenn die Geschäfte eines Unternehmens gut gehen, laufen die Dinge wie von selbst – vielleicht ein neues Produkt in diesem Quartal, bessere Umsatzprognosen für das nächste Jahr, unerwartete Kosteneinsparungen. All diese Erfolgsmeldungen werden stante pede verbreitet, weil jede gute Nachricht gut genug ist, um an die Öffentlichkeit gebracht zu werden. Man wird also mit einer steten Dosis aus PR-Erklärungen und optimistischen Meldungen über das Unternehmen beglückt. Und jede kleine Nachricht, die herausposaunt wird, spiegelt sich in dem entsprechend unregelmäßig ansteigenden Kurs wider.

Mit schlechten Nachrichten, die den Kurs nach unten treiben, ist es anders. Ein Unternehmen, das eine kleine negative Nachricht in petto hat, zeigt die natürliche Tendenz, sie entweder gar nicht zu veröffentlichen oder sie zunächst zurückzuhalten und an dem Problem zu arbeiten. Da diese kleinen schlechten Nachrichten nicht marktbewegend sind, verletzt das Unternehmen auch nicht wirklich das Vertrauen der Öffentlichkeit. Schließlich passiert es immer mal, dass nachts für zwei Stunden die eine oder andere Fertigungssstraße ausfällt. Aber irgendwann fallen genügend Fertigungsstraßen lange

genug aus, um nicht mehr an der Erklärung vorbeizu-
kommen: „Wir hatten größere Produktionsprobleme, die
uns eine auftragsgemäße Lieferung erschweren." Plong!
Die Aktie saust in den Keller. Anders ausgedrückt:
Schlechte Nachrichten werden offenbar gehortet, und
erst wenn sie sich so aufgetürmt haben, dass eine
Bekanntgabe unumgänglich ist, dem Publikum verkündet. Gute Nachrichten sind hingegen gute Nachrichten
und werden jederzeit an den Mann gebracht.

Ich glaube auch, dass Aktien aufgrund des Phänomens der „Käuferabsenz" schneller fallen als steigen.
Wenn eine Aktie klettert, gibt es im Allgemeinen ein
gutes Angebot an Käufern und Verkäufern. Bei einer
schlechten Nachricht gehen die meisten Investoren (Käufer und Verkäufer gleichermaßen) auf Tauchstation, sodass es die marginalen Käufe oder Verkäufe sind, die den
Kurs beeinflussen. Der Umsatz versiegt immer mehr, und
es verbleiben nur die entschlossenen Verkäufer, die den
Markt nach unten treiben. Die Absenz von Käufern
bewirkt, dass die Kurse schnell und deutlich einbrechen.

Die Börse hat nichts zu verschenken

Wertpapiere mit superhohen Renditen sind mögliche Anwärter auf Dividendenkürzungen. Diese Regel sollte auch für Anleihen beachtet werden, obwohl in jedem Anlegerportfolio auch ein Plätzchen für hoch rentierliche Risikoanleihen (so genannte Junkbonds) frei sein sollte.

Der Markt verschenkt nichts. Er ist zu tief und zu effizient, als dass er Ihnen günstige Gelegenheiten gratis zu Füßen legen würde. Sollten Sie beispielsweise zwei Versorgerwerte im Auge haben, von denen der eine 6 Prozent, der andere 12 Prozent Rendite verspricht, können Sie darauf wetten, dass der mit der niedrigeren Rendite finanziell besser ausgestattet ist und in der Vergangenheit ziemlich regelmäßig die Dividende erhöht hat. Der mit 12 Prozent rentierende Wert hat wahrscheinlich schon seit Jahren keine Dividendenerhöhung gesehen, seine Finanzlage ist vermutlich schwach und eine Dividendenkürzung steht zu erwarten.

Wenn Sie zwei vergleichbare Papiere haben (zwei Immobilienfonds oder zwei Versorgerwerte), ist das mit der niedrigeren Rendite meistens das bessere Investment.

Ein Silberstreif am Horizont

Wenn die Notenbank an der Zinsschraube dreht, nimmt die Zinsstrukturkurve oft einen inversen Verlauf, das heißt, die kurzfristigen Zinssätze sind höher als die längerfristigen. In solchen Zeiten notieren Versorgeraktien und andere zinssensible Werte (beispielsweise Bankaktien) wegen der gestiegenen Finanzierungskosten leichter.

Trotz des Rückgangs dieser Wertpapierpreise dürfte es für den gewieften Investor von Interesse sein, dass eine inverse Zinsstruktur nicht normal ist und die gedrückten Kurse sich anbieten, auf die Suche nach lohnenden Engagements zu gehen.

Ich habe festgestellt, dass eine inverse Zinsstruktur in aller Regel eine gute Gelegenheit ist, um günstig an Versorgerwerte und zinssensitive Aktien heranzukommen. Inverse Kurven sind nicht normal und sollten für den Schnäppchenkauf genutzt werden.

Gold – Heavy Metal

Goldkäufe sind weniger riskant als Goldaktienkäufe, dennoch werden Goldaktien allgemein bei der Geldanlage bevorzugt. Bei einer Goldminenaktie bekommen Sie die Hebelwirkung zu spüren, das heißt, mit geringerem Kapitaleinsatz partizipieren Sie voll an der Entwicklung des Goldpreises. Zwar scheint auf den ersten Blick der Kauf einer Goldminenaktie weniger risikoreich zu sein als der Kauf des Edelmetalls selbst, doch ein wenig Mathematik wird Sie vom Gegenteil überzeugen.

Nehmen wir an, Uncle Sams Goldmine fördert Gold für 200 Dollar die Feinunze. Bei einem aktuellen Goldpreis von 300 Dollar pro Unze verdient Uncle Sams Goldmine an der Unze Gold 100 Dollar. Wenn Uncle Sams Goldmine 1 000 000 umlaufende Aktien hat und 5 000 Unzen Gold produziert, erzielt sie einen Profit von 500 000 Dollar oder 50 Cent pro Aktie.

Was passiert, wenn der Goldpreis um 10 Prozent auf 330 Dollar klettert? Uncle Sams Profit pro Unze steigt von 100 auf 130 Dollar – ein Anstieg um 30 Prozent. Der Gewinn pro Aktie beträgt jetzt 65 Cent – ebenfalls eine Steigerung um 30 Prozent. Wenn das Kurs-Gewinn-Verhältnis dasselbe bleibt, steigt der Kurs der Uncle-Sams-Aktie um 30 Prozent.

Sie sehen, wie ein 10-prozentiger Goldpreisanstieg zu einem 30-prozentigen Aktienkursanstieg führen kann. Grob gerechnet muss man im Fall von Uncle Sams Goldmine ungefähr nur ein Drittel des Kapitals in die Aktie investieren, um an demselben Aufwärtspotenzial teilzunehmen wie beim Edelmetall selbst. Natürlich ist dies ein zweischneidiges Schwert – jeder Rückschlag des Goldpreises schickt die Gewinne auf Talfahrt.

Sie, lieber Leser, bevorzugen in einem Goldbullenmarkt sicher die Goldminenaktie. Und in einem Goldbärenmarkt mag Ihnen das Edelmetall trotz der auch hier nicht zu leugnenden Risiken lieber sein, weil die Hebelwirkung nach unten fehlt. Und in einem wirklich atemberaubenden Bullenrennen haben junge Goldminenaktien die größte Hebelwirkung von allen.

Zerbrechen Sie sich nicht allzu sehr den Kopf darüber, welche Aktien Sie kaufen sollen. Picken Sie sich zwei oder drei große Goldminenaktien heraus. Sie können sie nach ihrer Marktkapitalisierung, nach dem Gewinn oder wonach auch immer auswählen. Sie alle tendieren in die gleiche Richtung.

Ein Nachtrag: Machen Sie sich zunächst schlau und prüfen Sie, was an Terminverkäufen oder Hedging stattgefunden hat. Wenn die Produktion Ihrer Firma per Termin zu fixen Preisen bereits verkauft worden ist, hat der Hebel kaum noch Wirkung.

Vorsicht vor den Hätschelkindern

Die so genannten TSELs (The Stocks Everybody Loves oder Jedermanns-Lieblingsaktien) sind hoch riskant, weil der Kurs nach oben typischerweise schon völlig ausgereizt ist, wohingegen die GARPs (Growth At a Reasonable Price, das heißt die angemessen bewerteten Papiere) in der Regel auf Kurs-Gewinn-Niveaus gehandelt werden, die unter ihren Wachstumsraten liegen – was sie zu potenziellen Sonderangeboten macht.

Es empfiehlt sich, Aktien zu kaufen, deren Kurs-Gewinn-Verhältnis niedriger ist als die Wachstumsrate ihrer Gewinne. Wenn die Gewinne also um 30 Prozent pro Jahr steigen, wäre es nicht schlecht, wenn die Aktie ein Kurs-Gewinn-Verhältnis unter 30 hätte. Allerdings muss man hier zuweilen ein paar Abstriche machen. Es dürfte beispielsweise schwierig sein, einen führenden Technologiewert zu finden, dessen dynamisches KGV (Verhältnis von KGV zu Gewinnwachstumsrate) unter 1 liegt.

Das dynamische KGV stellt eine Beziehung zwischen dem Gewinnwachstum und dem für dieses Wachstum zu zahlenden Preis her – ein hilfreiches Barometer für die Aktienauswahl.

15

Der Anlagestil

Eine Frage des Geschmacks (und der Bequemlichkeit)

Einfache Antworten gibt es nicht

Vor ein paar Jahren führte ich eine öffentliche Diskussion mit einem namhaften Börsenguru, der als vehementer Befürworter der Indexbindung galt. Unser Auditorium bestand aus Finanzexperten und Vermögensberatern, und da sich diese in ihrer überwältigenden Mehrzahl aktiv gemanagter Fonds und ihrer Manager bedienen, überrascht es nicht, dass ich den meisten Zuspruch in der Debatte fand.

Ist eine Indexierung besser als die aktive Geldanlage? Die Antwort lautet: Kommt darauf an.

Meine Erfahrung ist, dass es in tiefen und liquiden Märkten – wie für US-Treasuries oder Standardwerte mit hoher Marktkapitalisierung – sehr schwierig ist, auf Dauer einen breiten Index zu schlagen. Wenn man davon ausgeht, dass 1000 Marktakteure als Kollektiv mehr wissen als einer, neigt sich die Waage zugunsten der Befürworter der Indexbindung.

Aber das heißt nicht, dass Indexierung das Nonplusultra ist. In Märkten, in denen Informationen nicht in ähnlichem Umfang zur Verfügung stehen oder die Markttiefe nicht in gleichem Maße gegeben ist, scheint mir die Indexkopplung nicht immer die beste Strategie zu sein. Ich habe einfach zu viele Beispiele erlebt, wo Manager von Nebenwerten und internationalen Werten die Marktindizes ständig überbieten konnten – möglich ist das also.

Nur bin ich mir nicht sicher, ob ein Warren Buffett als Beweis gegen die Indexbindung herhalten kann. Zu Recht ist wohl davon auszugehen, dass die Qualitäten, die notwendig sind, um die Märkte zu schlagen, so schwer zu erwerben sind, dass man Warren Buffett als Abweichung von einer sehr großen statistischen Masse betrachten kann. Ich habe mich oft gefragt, wer Buffetts Gegenpart ist. Irgendwo muss es einen Anti-Buffett geben, der ständig auf dieselbe spektakuläre Weise schlechter als der Markt abschneidet.

Ich für meinen Teil wende in meinem Portfolio beide Strategien an, sowohl die Indexkopplung als auch das aktive Investment. Ich glaube, dass die Indexierung durchaus ihre Berechtigung hat. Aber ebenso überzeugt bin ich, dass eine reine Indexstrategie für die meisten Anleger keine sinnvolle Lösung ist. Warum mache ich mich deswegen überhaupt verrückt? Wichtig ist doch nur, dass Sie als Anleger am Ende eine einigermaßen gute Rendite haben, ob in Anlehnung an einen Index oder nicht.

Jeder nach seiner Façon

Sie können Ihr Portfolio sowohl aktiv als auch passiv managen. Seit Ewigkeiten tobt die Debatte unter den Investoren, ob das aktive Portfoliomanagement oder die Indexbindung (passives Investment) die bessere Anlagestrategie ist. Bei dieser Debatte bekommt man das Gefühl, sich unbedingt entscheiden und in das eine oder andere Lager springen zu müssen, weil das eine Recht und das andere Unrecht hat. Ich bin völlig konträrer Ansicht.

Erstens gibt es zwingende Beweise, dass in höchst effizienten Märkten, wie sie zum Beispiel die großen US-Standardwerte repräsentieren, das passive Management eine gangbare Strategie ist. Die meisten Anleger haben allergrößte Schwierigkeiten, ein Schwergewicht wie den S&P 500 oder den Dow-Jones-Industrieindex zu schlagen. Andererseits gibt es ebenso viele Beweise dafür, dass in weniger effizienten Märkten, etwa für internationale Aktien oder Werte mit niedriger Börsenkapitalisierung, so mancher Fachmann den Index schlagen kann.

Was sollen Sie als Anleger tun?

Ich denke, die Antwort lautet: das eine oder das andere oder beides. Wenn die Transaktionskosten und Verwaltungsgebühren Sie in den Wahnsinn treiben, stellen Sie sich ein Bündel von Indizes zusammen, verteilen Ihr Kapital und fahren zum Golfen, gehen shoppen oder legen sich an den Strand. Schichten Sie zwei- oder viermal im Jahr um – und fertig.

Wenn Sie andererseits der Gedanke, dass Ihr Vermögen in Autopilot-Strategien festliegt, nervös macht, ist die Indexierung vielleicht nicht das Richtige für Sie. In diesem Fall heuern Sie einen Vermögensverwalter an, kaufen Fonds oder managen einen Teil Ihrer Anlage oder Ihr gesamtes Portfolio selbst.

Für diejenigen, die keine Religion daraus machen wollen, können beide Strategien Sinn machen. Im Rahmen meiner steuerbegünstigten Altersvorsorge (401(k)-Plan) beispielsweise kann ich zwischen verschiedenen Fonds auswählen. Ich habe mich für zwei aktiv gemanagte Fonds und einen Indexfonds entschieden und fühle mich damit gut aufgehoben.

Einige Investoren kaufen einen großen Index wie beispielsweise den S&P 500 oder den Wilshire über börslich gehandelte Fonds oder Indexfonds und bilden daraus ihr Kernportfolio. Aktiv managen sie dann die weniger leicht zugänglichen Märkte – Nebenwerte, Schwellenländer, internationale Werte. Oder sie gehen anders herum vor – indexieren das kleinere Zeug und managen aktiv die Werte mit hoher Marktkapitalisierung.

Machen Sie das, was am besten zu Ihnen passt. Wenn Ihre Performance ein paar Punkte schlechter ausfällt, Sie aber dafür glücklicher sind, als wenn Sie dem letzten Dollar nachgejagt wären, sei's drum. Indizes rufen wie kaum etwas anderes die Glaubenseiferer auf den Plan. Indexierung ist ihr Credo und sie sollen damit selig werden. Aber es muss nicht Ihres oder meines sein, also seien Sie Freigeist und machen Sie, was Sie für richtig halten.

Bleiben Sie auf dem Teppich

Bei der Entwicklung eines Anlagestils müssen Sie mit einer ehrlichen Bestandsaufnahme Ihrer Ressourcen und einer realistischen Einschätzung Ihrer Renditechancen beginnen.

Viele Anleger machen sich jedoch zunächst die meisten Gedanken darüber, wie viel Geld sie machen möchten, und dann investieren sie, um dieses Ziel zu erreichen. Nehmen wir einmal an, Sie beschließen, 100 000 Dollar Gewinn an der Börse zu machen. Prima, ein lobenswertes Ziel. Aber wenn Sie nur 10 000 Dollar Startkapital haben, müssen Sie bei dieser Zielsetzung 3,25 Mal Ihr Geld verdoppeln. Oder anders ausgedrückt: Wenn Sie sich drei Jahre für die Erreichung Ihres Ziels geben, brauchen Sie eine Rendite um die 120 Prozent pro Jahr. Ein solches Vorhaben zwingt Sie die ganze Zeit über zu wilden spekulativen Spielereien. Bei solchen Manövern stehen per Definition alle Wetten gegen Sie. Das wahrscheinliche Resultat ist, dass Sie irgendwann große Verluste einstecken müssen, die Sie von Ihrem Ziel weiter entfernen als je zuvor.

Wenn Sie hingegen 1 000 000 Dollar Kapital zur Verfügung haben und Sie sich zwei Jahre geben, um dieselben 100 000 Dollar Gewinn zu machen, brauchen Sie das Geld nur in einen Geldmarktfonds zu stecken und können die Tage verstreichen lassen. Dasselbe Ziel, ganz unterschiedliche Risikoprofile und viel größere Erfolgschancen!

Abgesehen von Ihrem verfügbaren Kapital müssen Sie auch bedenken, wie viel Zeit Sie für die Verwaltung Ihres Depots erübrigen können. Je risikoreicher die Strategie, desto mehr Zeit müssen Sie aufwenden, um Erfolg zu erzielen. Es gibt eine direkte Korrelation zwischen der Höhe des anstehenden Risikos und dem Zeitbedarf für die Betreuung des Portfolios.

Versuchen Sie nicht, etwas zu erreichen, das Sie überfordert. Beginnen Sie langsam, mit kleinen Risiken und bescheidenen Erwartungen. Sammeln Sie Wissen und Erfahrung und investieren Sie immer mit festem Blick auf Ihre langfristigen Pläne und Ziele. Viele Anleger haben es viel zu eilig. In den Sternen steht nichts darüber, dass die Märkte Ihren Bedürfnissen entgegenkommen. Ihr Wunsch, 100 Prozent Gewinn zu machen, bedeutet nicht, dass die Welt nach Ihrer Pfeife tanzt.

Realistische Ziele

Fast alle Anleger setzen sich Gewinnziele, entweder in Form eines konkreten Geldbetrags oder als prozentuale Rendite. Meiner Erfahrung nach lassen diese Gewinnziele häufig jeden Bezug zur Realität vermissen. Nicht immer unterscheiden die Anleger zwischen Wunschdenken und dem tatsächlich Erreichbaren.

Nehmen wir einen Investor mit einem Startkapital von 100 000 Dollar und einem Renditeziel von 9 Prozent (9000 Dollar) pro Jahr. Die Vergangenheit hat gezeigt, dass ein Anlagemix von 80 Prozent Aktien und 20 Prozent Anleihen im Durchschnitt eine Rendite dieser Höhe erbringt. Die anvisierte Rendite ist also vom Ziel her realistisch und mit einer vernünftigen Anlagepolitik, das heißt mit einer 80/20-Aufteilung des Anlagekapitals und einer klugen Auswahl der Aktien und Anleihen, hat sie eine hohe Erfolgswahrscheinlichkeit.

Ein anderer Anleger möchte 12 Prozent pro Jahr verdienen. Auch dieses Ziel ist akzeptabel, aber der Anleger muss wissen, dass nur ein voll in Aktien investiertes Portfolio dieses Kunststück vollbringen kann. Das bedeutet, dass von Zeit zu Zeit ein 20-prozentiger Verlust durchaus wahrscheinlich ist und weggesteckt werden muss. Auch wenn das Ziel also akzeptabel und durch die Entwicklung in der Vergangenheit gerechtfertigt erscheint, ist die Erfolgswahrscheinlichkeit gleichwohl etwas geringer, denn nicht von der Hand zu weisen ist die Möglichkeit, dass der Anleger bei schlechter Börse aussteigt und seine Strategie nicht bis zum Ende durchhält.

Der Spekulant wünscht sich eine Jahresrendite von 20 Prozent. Dieses Ziel ist schwer zu erreichen und setzt nicht nur ein hohes Maß an Geschicklichkeit voraus, sondern auch die Bereitschaft, mit Hebelwirkung zu operieren oder in Werte mit hohem Risikoprofil zu investieren, zum Beispiel in Schwellenländeraktien, Warenkontrakte, Devisen und so weiter. Die Erfolgswahrscheinlichkeit ist gering und die Chance einer beträchtlichen zwischenzeitlichen Verluststrecke ziemlich hoch.

Bei Ihren Zielsetzungen müssen Sie nicht nur das Mögliche im Vergleich zur bisherigen Renditeentwicklung des von Ihnen anvisierten Vermögenswertes berücksichtigen, sondern auch Ihre eigenen Neigungen und Schwächen.

Auf lange Sicht halten die meisten Anleger an einer Strategie fest, die ihnen eine jährliche Rendite zwischen 7 und 10 Prozent einbringt. Höhere Renditen sind immer schwerer zu erreichen, denn mit dem Risikoprofil der dafür notwendigen Investments wachsen die Schwächen und Ängste der meisten Anleger. Eine realistische Zielsetzung hat hohe Erfolgsaussichten und kann folglich auch häufig erreicht werden.

Lassen Sie sich keinen blauen Dunst vormachen

Für mich sind die zündendsten Investmentideen diejenigen, die in einfache, klare Worte gefasst sind. Was gibt es Überzeugenderes als den einfach formulierten Satz von Winston Churchill: „Die nützlichste Arbeit der Regierung ist, Babys mit Milch zu versorgen." Welche Macht des geschriebenen Wortes!

Eine zwingende Idee kommt am besten an, wenn sie ohne viel Brimborium und mit klaren Argumenten vermittelt wird. Fehlen überzeugende Argumente, wird meistens drum herum geredet, was das Zeug hält, während die Wahrheit im Dunkeln bleibt. Schauen Sie sich die folgenden kurzen Analystenkommentare an, die ich eines schönen Samstagnachmittags im *Barron's* las:

„Auf der Basis des Unternehmenswertes zum geschätzten Bruttogewinn notiert ABC Dingsda gegenwärtig bei einem Vielfachen von 8 gegenüber einem vergleichbaren Durchschnitt von 27. Wir glauben, dass die Aktie derzeit unterbewertet ist. Wir halten jedoch ein wachsames Auge darauf, ob das Unternehmen seine Umsatzchancen wahrnehmen kann, und warten auf Ankündigungen über den Unternehmenseinsatz und die Gewinnung von Großkunden, um die Aussichten des Unternehmens beurteilen zu können."

Ich habe zwar ein Betriebswirtschaftsdiplom, muss jedoch gestehen, dass ich keinen Schimmer habe, wovon die Rede ist. Wer hat den Leuten beigebracht, so zu schreiben? Vergleichen Sie dieses rätselhafte Kauderwelsch mit folgendem gleich daneben stehenden Kommentar eines anderen Analysten.

„Wir senken unsere Gewinnerwartungen pro Aktie auf 94 Cent beziehungsweise 1,21 Dollar. Desgleichen senken wir unser zwölfmonatiges Kursziel von 23 Dollar auf 14 Dollar."

Welche Analyse liefert die wirklich handfeste Information?

Die Antwort erübrigt sich. Manche Leute sind die reinsten Schaumschläger. Sie bedienen sich auf clevere Weise eines Insiderjargons. Für die Eingeweihten macht er Sinn – Schaumschläger verstehen sich untereinander perfekt. Den uneingeweihten Leser hingegen schüchtern solche Schreiber durch ihre Sprache ein. Wer von uns käme sich nicht dumm vor, die Hand zu heben und zu fragen, was „Unternehmenseinsatz" bedeutet? Es ist unerheblich, dass alle anderen es auch nicht verstehen – sie würden es sowieso nie zugeben. Offen gesagt, ich weiß nicht, was Unternehmenseinsatz heißen soll (ich nehme an, Realisierung des Geschäftsplans und Nutzung der Vermögenswerte), ich kann nur eine begründete Vermutung anstellen. Vielleicht sollte man versuchen, die Passage umzuschreiben:

„ABC Dingsda macht keine Gewinne, also kann man über den Wert des Unternehmens nur Mutmaßungen anstellen. Wir glauben, dass es einiges Potenzial hat, aber wir beobachten mit Sorge den Umsatz. Ein paar große Vertragsabschlüsse wären nicht schlecht und wir bekämen dann etwas mehr Vertrauen in unsere Fähigkeit, die Unternehmensaussichten zu analysieren. Im Moment sieht es wie eine Gleichung mit mehreren Unbekannten aus, aber zumindest ist es keine uninteressante Gleichung."

Damit kann ich etwas anfangen!

Lassen Sie sich auf keinen Fall einschüchtern. Wenn Sie etwas hören oder lesen, das Sie nicht verstehen, kümmern Sie sich nicht darum. Wenn Sie mit blauem Dunst umnebelt werden, suchen Sie das Weite. Wenn Sie graue Wortschwaden vom Podium herunterziehen sehen, verlassen Sie die Veranstaltung.

Momentum-Strategen

Spekulanten, die auf das Momentum der Kurse setzen, suchen nach solchen Unternehmen, deren Kurse entweder aufgrund ständig steigender Gewinne oder aufgrund eines wachsenden Anlegerinteresses an dem jeweiligen Sektor auf dem Vormarsch sind. Für solche Spieler ist der steigende Kurs manchmal das einzige Kriterium für den Kauf eines Papiers.

Dennoch gibt es gute Gründe, in den Aufwärtsschwung der Kurse zu investieren. Machen wir einen kurzen Abstecher in die Physik. Das Newton'sche Gesetz besagt, dass ein in Bewegung befindlicher Körper so lange in Bewegung bleibt, bis eine Gegenkraft auf ihn einwirkt. Auf die Börse übertragen bedeutet dies, dass Aktien, die auf Kletterkurs sind, weiter in diese Richtung streben, solange sie nicht von einer Gegenkraft gestoppt werden.

Untersuchungen haben gezeigt, dass Papiere, die immer neue Hochs erreichen, auch weiter dazu tendieren. So können absolute Knüller so lange solche bleiben, bis eine Gegenkraft ihren Höhenflug bremst. Gegenkräfte mit Bremswirkung könnten sein: neue Informationen beispielsweise über rückläufige Unternehmensgewinne, Interesse der Spekulanten an einem neuen Sektor oder ein größerer Markteinbruch insgesamt.

Momentum-orientierte Spekulanten, die das Gewinnspiel spielen, wetten auf die Dynamik der Gewinnentwicklung in den Unternehmen – daher das Anziehen der Kurse. Typischerweise werden diese Papiere zu einem Mehrfachen ihrer Gewinnwachstumsrate gehandelt. Das macht sie anfällig für jede Veränderung des Gewinnwachstums oder der Anlegermeinung. Wenn Sie mit Ihrer Momentum-Strategie auf Gewinnwachstum setzen und die Gewinne schrumpfen, ist es am besten, die Reißleine zu ziehen und sich auf besseres Terrain zu retten.

Dynamisches KGV

Das dynamische KGV, das Verhältnis aus KGV zu Gewinnwachstumsrate, ist ein großartiger Maßstab, um zu beurteilen, wie viel man für das Gewinnwachstum eines Unternehmens bezahlt. [Anm. d. Übers.: Für das dynamische KGV wird auch das englische Kürzel PEG (Price/Earnings/Growth) verwendet.] Die Kennzahl wird errechnet, indem man das KGV durch die Gewinnwachstumsrate dividiert.

Beispiel: Ein Unternehmen hat ein Kurs-Gewinn-Verhältnis von 22. Die Gewinne wachsen mit 32 Prozent pro Jahr. 22 geteilt durch 32 ergibt ein dynamisches KGV von 0,68.

Wertorientierte Anleger interessieren sich für Aktien mit einem dynamischen KGV von 1 oder niedriger. Mit anderen Worten, der im KGV eingepreiste Wert eines Papiers sollte unter der Gewinnwachstumsrate des Unternehmens liegen. Wenn das KGV niedriger ist als die Wachstumsrate, bekommt man im Grunde Gewinnwachstum zum Schnäppchenpreis.

Die Kennzahl des dynamischen KGV ist besonders geeignet, um Aktien von Unternehmen mit unterschiedlichen Wachstumsraten auf derselben Skala zu vergleichen. Das ermöglicht einen Äpfel-mit-Äpfel-Vergleich zweier Werte, die möglicherweise extrem differierende Wachstumsraten haben:

ABC Dingsda: KGV von 8, Gewinnwachstumsrate von 5 Prozent pro Jahr
XYZ Dideldum: KGV von 35, Gewinnwachstumsrate von 25 Prozent pro Jahr
Dynamisches KGV von ABC: 8 ÷ 5 = 1,6
Dynamisches KGV von XYZ: 35 ÷ 25 = 1,4

Die Berechnung zeigt, wie viel man für das Gewinnwachstum eines Unternehmens bezahlt: XYZ ist die billigere Aktie, obwohl sie auf den ersten Blick die teurere zu sein scheint.

Ich prüfe bei jeder Aktie, die ich im Visier habe, das Verhältnis von KGV zur Gewinnwachstumsrate. Und wenn ich die Wahl habe zwischen zwei Aktien derselben Branche und desselben Geschäftszweigs, gibt das dynamische KGV oft den Ausschlag.

16

Timing

Zeit ist Geld (oder?)

Geduld ist der Erfolg des Jägers

Welche Methode oder Strategie auch gegenwärtig Ihr Interesse findet, immer sollten Sie mit einem langen Anlagehorizont vor Augen investieren.

Unzählige Untersuchungen haben schlüssig bewiesen, dass an der Börse der lange Atem, nicht das kurzfristige Spekulieren, zu wirklich großem Vermögen führt. In Ihrem Portfolio muss ein bestimmter Kernbestand an wichtigen Papieren liegen, der sich auf lange Sicht wenig verändert. Das sind die Pferde, die vor Ihren Finanzkarren gespannt sind und die Sie sicher nach Hause bringen. Es können ein paar Investmentfonds sein, ein Bündel von 20 verschiedenen Aktien oder eine Mischung aus Fonds, Aktien und Waren.

Was immer auf Ihrer Liste steht, wie immer Ihr Kernportfolio aussieht, bleiben Sie dabei. In Zeiten anhaltender Marktschwäche mögen Sie sich vielleicht fragen, warum Sie das tun. Und wenn der Markt abzieht und Ihre Gäule hinken hinterher, ist die Versuchung groß, das Portfolio aufzumischen, die Performance durch Feinsteuerung zu verbessern. Es gibt Hunderte von Ablenkungen, die Sie veranlassen, der Idee des Kernportfolios Adieu zu sagen.

Die schlimmste Ablenkung ist natürlich das kurzfristige Trading – insbesondere nach einem satten Gewinn. Sie fangen an, die Zahlen zu multiplizieren. „Würde ich mit meinem ganzen Geld spekulieren, hätte ich eine Rendite von 52 Prozent pro Jahr, nicht nur schlappe 4 Prozent Steigerung meiner Gesamtrendite. Vielleicht sollte ich die Hälfte meiner Bestände verkaufen und mit dem Erlös nur noch spekulieren."

Sollte Sie eine solche Versuchung überkommen, denken Sie daran: Wenn Sie Qualitätspapiere halten, nach Branchen und Unternehmen diversifizieren und obendrein Branchenführer kaufen, haben Sie ein vernünftiges Rezept für ein gutes Kernportfolio. Bei einem solchen

Portfolio kommen Sie in den Genuss der beachtlichen Renditen, die große Standardwerte mit hoher Marktkapitalisierung über einen längeren Zeitraum bieten. Die Vergangenheit lehrt, dass es ungefähr 11 bis 13 Prozent pro Jahr sind.

Wenn Sie überhaupt keine dazu Lust haben, sich mit der Auswahl solcher Papiere zu beschäftigen, und auch keinen Anlageberater beauftragen wollen, kaufen Sie drei oder vier breit gestreute Aktienfonds mit gleichmäßiger Performanceentwicklung oder koppeln Sie den Teil Ihres Lebens einfach an einen Index und konzentrieren sich auf Ihr Trading.

Zweigen Sie einen Teil Ihres Kapitals für Ihre Trading-Geschäfte ab und investieren Sie dort, wo ein mit kleinem Einsatz erzielter Spekulationserfolg die Gesamtrendite aufpeppen kann. Stellen Sie sich Ihr Kernportfolio als Flugzeugträger vor, der von kleineren Geleitschiffen umgeben ist. Schützen Sie den schwimmenden Koloss, aber ermöglichen Sie flinke, bewegliche Manöver drum herum. Was Sie auf jeden Fall verhindern müssen, ist, den Flugzeugträger zu verlieren.

Mit dieser Strategie können Ihnen eine Menge schöner Dinge passieren. Zu den schönsten gehört, dass Ihnen auf jeden Fall ein Gewinn sicher ist:

▲ Gehen Ihre Spekulationen in die Hose, haben Sie den größten Batzen Ihres Investitionskapitals gerettet.
▲ Sind Ihre Spekulationen von Erfolg gekrönt, haben Sie Ihre Gesamtrendite aufpoliert.

Ihr Kernportfolio trägt mit ziemlicher Sicherheit dann Früchte, wenn Sie Ihre Anlagen streuen, Aktien und/oder Fonds guter Qualität wählen und das Portfolio auf lange Sicht anlegen. Ihre Trading-Geschäfte sind viel riskanter und können so oder so ausgehen. Aber egal – Sie haben die richtigen Vorkehrungen getroffen, um ein finanzielles Desaster zu vermeiden.

Passgenaues Timing

Sparen Sie es sich, den Markt zu timen. Widerspreche ich mir? Keineswegs. Sie können ein Stock-Picker sein, der nach chancenreichen Möglichkeiten Ausschau hält, um aus ihnen Kapital zu schlagen, ohne ein Markt-Timer zu sein. Markt-Timing bedeutet, mit dem gesamten Portfolio in und aus dem Markt zu gehen, dabei immer auf dem Sprung, den exakten Tiefstand für den Einstieg und den exakten Hochstand für den Ausstieg abzupassen. Aber das funktioniert nicht. Sorry!

Die Drei-Tage-Regel

In seinem Buch *Pit Bull* spricht der legendäre S&P-Händler Marty Schwartz von seiner Drei-Tage-Regel. Anhand dieser Regel erklärt er, wie lange es dauert, bis eine Neuigkeit in ein Papier voll eingepreist ist. Im Allgemeinen, so unterstellt Schwartz, ist bis zum dritten Tag die Nachricht im Kurs enthalten.

Am ersten Tag erfahren Profis, Freunde (und Feinde), Börsenbeobachter und Händler die Neuigkeit und reagieren mit Käufen oder Verkäufen. Am zweiten Tag haben die Kunden ihre Broker angerufen und ihnen Weisungen erteilt. Außerdem haben die Analysten Gelegenheit gehabt, ihre Kommentare abzugeben, und ihre institutionellen Kunden sind tätig geworden. Am dritten Tag reagieren nur noch ein paar Börsianer auf die Nachricht, was so viel bedeutet, dass sich der Kurs nach starkem oder schwachem Börsenbeginn langsam einpendelt.

Mir gefällt diese Regel. Sie bewahrt mich vor vorschnellem Handeln bei einer neuen Position. Das Warten bis zum dritten Tag zwingt mich zur Geduld, sodass ich keine emotionalen Entscheidungen treffe und folglich auch weniger Handelsfehler mache. Auch gibt sie mir einen Zeitrahmen, innerhalb dessen ich eine Transaktion (wenn überhaupt) planen und eine gewisse Beruhigung des Kurses erwarten kann. Anders ausgedrückt: Die Drei-Tage-Regel hält mich vom Börsengeschäft fern, bis der Markt seine Meinung kundgetan hat.

Allerdings ist mir klar, dass mir mit dieser Regel auch einmal ein profitables Geschäft durch die Lappen gehen kann, besonders wenn ich Erkenntnisse habe, die mir sagen, dass der Markt auf die Nachricht über- oder unterreagiert hat. Ich erinnere mich an einen Artikel auf der ersten Seite des *Wall Street Journal* über ein großes Dotcom-Unternehmen und sein schleppendes Geschäft, resultierend aus Zweifeln an der Effektivität von Dotcom-Werbung. Zu dem Zeitpunkt, als ich den Artikel las, hatte ich gerade Call-Optionen auf diese Aktie leerverkauft in der Erwartung, dass der Kurs zurückging oder stagnierte. Ich meinte, dass der Artikel, der zudem mit einer Herabstufung durch einen Analysten von Lehman zusammenfiel, ein schwerer Schlag für die Bullen sein müsste. Die Aktie eröffnete nur mit einem Abschlag von 3 Dollar auf etwa 118 Dollar.

Jetzt sagten mir alle meine Instinkte, mehr Calls zu verkaufen, denn der Markt würde den Preis der Aktie wesentlich geringer einstufen. Aber ich tat es nicht. Vielleicht gab mir die schwache Eröffnung mit dem nur leicht fallenden Kurs zu verstehen, dass die Nachricht bereits in der Aktie enthalten war und ich einfach eine zu lange Leitung hatte. Ich hätte agieren sollen, denn die Aktie schloss mit 8 Dollar minus an jenem Tag, aber ich bereue meine Zurückhaltung nicht.

Ich bin bereit, den Preis dafür zu zahlen, weil ich weiß, dass – im Durchschnitt – der Markt gewiefter ist als ich und ich gut daran tue zu warten, bis sich die Volatilität der Kurse gelegt und der Markt gesprochen hat. Außerdem war ich in diesem Fall bereits short, konnte also in jedem Fall profitieren.

Verwechseln Sie Aktionismus nicht mit Erfolg

Auch eine Gazelle sollte einem Rudel Löwen tunlichst aus dem Weg gehen. Der Markt kann ein Biest, eine Bestie sein. Die Tatsache, dass Sie als Anleger flink sind, heißt nicht, dass Sie auch erfolgreich sind.

Viele Börsianer betrachten die Möglichkeit, am Markt ein- und auszusteigen, als selbstverständlich. Sie verfolgen ihre Handelssysteme und Anlagestrategien in dem festen Glauben, dass sie auf- und abspringen können, wann immer es ihnen beliebt. Sie wissen zwar, dass sich die Kursentwicklung gegen sie wenden kann, aber die Liquidität stellen sie nicht infrage. Dieser gefährliche Trugschluss wird noch brenzliger, wenn man sich bewusst macht, dass ein einziger Verlust an Liquidität über Sein oder Nichtsein entscheiden kann.

Heutzutage handeln viele Börsianer online. Sie können nicht genug davon bekommen, in null Komma nichts Positionen zu öffnen und wieder zu schließen, und besonders stolz sind sie auf die Tatsache, dass sie vielleicht nur Sekunden oder Minuten in einer Position sind. Bleiben wir einen Augenblick bei dieser Spezies.

Wenn solche Vertreter eine Position nur sehr kurz halten, versteht es sich von selbst, dass sie die meiste Zeit versuchen, kleinste Gewinne pro Einheit zu „skalpieren", vielleicht 0,25 oder 0,50 Dollar pro Aktie. Wollen sie damit richtig Geld machen (es ist meiner Ansicht nach eine ganz schöne Strapaze, auf diese Weise Geld zu machen), müssen sie, damit sich die Sache lohnt, die Position aufstocken. Angenommen, es springen 25 Cent pro Aktie heraus, wird der Gewinn aus 100 Anteilen allein schon von den Gebühren und Steuern aufgefressen.

Also satteln sie drauf, 1000, 2000 oder 5000 Stück. Es ist eine größere Position, als sie eigentlich eingehen sollten, aber sie tun es in der *Annahme, dass sie schnell aussteigen können.* Meistens können sie das auch.

Selbst wenn man davon ausgeht, dass der Computer nie abstürzt (keine realistische Annahme), genügt ein Papier, das wegen einer neuen brisanten Unternehmensnachricht einbricht, um ein ganzes Portfolio zu dezimieren. Ein Spekulant kauft 2000 Aktien für 50 Dollar pro Stück (eine Position von 100 000 Dollar), sein Gesamtportfolio beläuft sich auf 200 000 Dollar. Er spekuliert darauf, an einem bullish gestimmten Dienstagmorgen einen Punkt mitnehmen zu können. Plötzlich geht das Papier aufgrund einer Unternehmensmeldung auf Talfahrt und schon schnappt die Falle zu. Ein überraschender Gewinneinbruch des Unternehmens prügelt die Aktie um 15 Dollar herunter.

Liquidität als selbstverständlich hinzunehmen ist eine schlechte Voraussetzung für eine Investmentkampagne. Sie müssen stets davon ausgehen, dass Sie immer dann, wenn Sie am dringendsten ein- oder aussteigen wollen, dies nicht können. Dieser Gedanke darf Sie nicht mehr loslassen. Nur so werden Sie anfangen, Sicherheiten einzubauen und mehr im Sinne des Überlebens als eines aggressiven Alles oder Nichts zu denken.

17

Trends

Die Börse ist keine
Einbahnstraße

Der Trend – dein Freund und Helfer

Gute Investments laufen oft von Anfang an wie am Schnürchen. Wenn ich eine Position eingehe und diese Position ist vom ersten Tag an profitabel, entwickelt sie sich meistens wunderbar weiter. Ich habe mich früher oft darüber gewundert. Konnte es sein, dass ich mir nur ein paar Rosinen aus meinen Erfahrungen herauspickte, damit sie in mein falsches Weltbild passten, oder war mein Erfolg wirklich echt?

Schließlich kam ich zu dem Schluss, dass dieses Phänomen theoretisch wohlbegründet ist: Wenn Sie eine Position eingehen und diese entwickelt sich zu Ihren Gunsten, haben Sie eine Position in Richtung des allgemeinen Trends eröffnet. Wenn Sie Sojabohnen leerverkaufen und diese fallen unmittelbar darauf um fünf US-Cent, liegen Sie im Trend. Mehr noch, Sie finden Ihr Urteil schnell bestätigt, was Ihr Selbstvertrauen stärkt. Dies wiederum kann Ihnen helfen, noch profitabler zu handeln. Mit Gewinnen im Rücken lässt sich leichter handeln als mit Verlusten auf den Schultern.

Für mich ist ein schneller Gewinn wie ein Marienkäfer, wie ein Kolibri oder ein Regenbogen. Er bedeutet Glück, Reichtum und wundersame Schönheit – alles gleichzeitig.

Doch unterschätzen Sie nicht die Schwierigkeit, mit dem Trend zu operieren. Bei Kurstiefs kaufen und bei Kurshochs verkaufen zu wollen ist mit trendkonformem Handeln fast unmöglich. Schließlich liegt der Trend selbst bei einem Höhepunkt beziehungsweise Tiefpunkt noch im Trend und da treten Sie direkt hinein. Wenn Sie dem Trend folgen, müssen Sie die Anlage sorgfältig auf ihren inneren Wert hin überprüfen. Gehen Sie long, müssen Sie überzeugt sein, dass das Papier noch nicht seinen vollen Wert erreicht hat. Gehen Sie short, müssen Sie überzeugt sein, dass es noch nicht an seinem Tiefpunkt angelangt ist.

Kein Trend gleicht dem anderen

Alle scheinen sich darin einig zu sein, dass der Trend der Freund und Helfer des Börsianers ist, aber wenn man dann bei den Leuten nachhakt, wie sie einen Trend definieren, bekommt man selten eine schlüssige Anwort. Eigentlich müsste die Sache doch ganz einfach sein – ist sie aber nicht.

Das erste Problem besteht in der Bestimmung des Zeitrahmens, den ein Trend umfasst. Sie können sich ein 30-Tage-Chart mit den Tageskursen eines Papiers ansehen und einen klaren Aufwärtstrend ausmachen. Doch wenn Sie sich ein 52-Wochen-Chart zu Gemüte führen, kann dasselbe Papier einen klaren Abwärtstrend zeigen. Und wenn Sie ein 5-Jahres-Chart mit den monatlichen Kursen studieren, stellen Sie vielleicht überhaupt keinen Trend mehr fest. Dasselbe Papier kann drei verschiedene Trendmerkmale haben.

Das zweite Problem ist die Definition von Trend. Ein Aufwärtstrend ist dadurch gekennzeichnet, dass die einzelnen Kursspitzen und Kursböden jeweils höher als die vorangegangenen liegen, während bei einem Abwärtstrend die Kursspitzen und Kursböden jeweils tiefer als die vorhergehenden liegen. Leider ist das nicht immer so klar. So kann es auch sein, dass nach einer Serie von immer höheren Hochs der Kurs plötzlich in ein tieferes Tief stürzt und sich dann wieder zu einem Aufwärtstrend wendet.

Andere schlagen vor, eine Art Trendlinie zu ziehen, indem die letzten Kursböden (für einen Aufwärtstrend) oder die letzten Kursspitzen (für einen Abwärtstrend) miteinander verbunden werden. Das alles funktioniert so lange, bis ein Kursausbruch die Trendlinie durchstößt und den Anleger vor die Frage stellt, ob der Trend noch intakt ist oder nicht.

Außerdem ist es doch wohl so, dass ein Trend, sobald er als solcher klar identifizierbar ist, per Definition ziemlich weit fortgeschritten sein muss. Die Wahrscheinlichkeit wird also größer, dass der Trend mit zunehmendem Alter umschlägt.

Es ist ein teuflisches Problem, das Sie als Anleger dennoch irgendwie lösen müssen, wenn Sie erfolgreich sein wollen.

Fest steht, es gibt kein Patentrezept. Es gibt keine Einzelregel, kein Bündel von Regeln, die dieses Problem für Sie lösen. Es gibt jedoch ein paar allgemeine Leitlinien, die Ihnen den Weg durch das Wirrwarr erleichtern:

1. Definieren Sie den Trend im Hinblick auf Ihren Anlagehorizont. Als Langfristinvestor sollten Sie sich an monatlichen oder vierteljährlichen Kurscharts orientieren. Als Daytrader lesen Sie den Trend an 5- oder 10-Minuten-Charts ab.

2. Definieren Sie den Trend im Kontext. Herrscht ein Bullenmarkt und Sie wollen feststellen, ob die IBM-Aktie im Aufwärtstrend liegt oder nicht, ist die Wahrscheinlichkeit groß, dass das Papier dort ist, wo der Markt ist.

3. Ein Trend sollte klar ersichtlich sein. Wenn Sie auf Ihr Chart schauen und die Augen zukneifen müssen, um einen Trend auszumachen, befinden Sie sich wahrscheinlich in einer Trading-Range, nicht in einem Trend.

4. Wenn Sie eine Trendlinie ziehen und diese verletzt wird, zeichnen Sie sie neu, wobei Sie davon ausgehen, dass der Trend noch intakt ist. Wenn die neue Trendlinie wieder verletzt wird, treten Sie wahrscheinlich in eine Trading-Range ein.

5. Trading-Ranges sind der übliche Lauf der Dinge, also entscheiden Sie im Zweifelsfall zu Ihren Gunsten.

6. Wenn es keine höheren Spitzen und Böden gibt, befinden Sie sich nicht in einem Aufwärtstrend und umgekehrt. Ein kurzer Blick auf das Chart dürfte Ihnen rasch darüber Auskunft geben.

7. Schließlich sollten Sie generell Bestätigung bei anderen vergleichbaren Werten suchen, um einen Trend

festzustellen. Wenn Sie meinen, Gold liege im Aufwärtstrend, sollte Silber dies bestätigen. Wenn Sie meinen, Halbleiter seien im Abwärtstrend, ziehen Sie ein oder zwei andere Hightechindizes hinzu.

Für jeden Trend, den ich eindeutig identifizieren kann und nach dem ich meine Anlageentscheidungen treffe, finde ich 10 andere, die mir suspekt oder unklar erscheinen oder die ich für zu instabil halte, als dass ich mich daran orientieren würde. Das Herausfinden von Trends kann ein schwieriges und frustrierendes Unterfangen sein, ist aber zweifellos ein absolutes Muss.

Achten Sie auf den Wetterfrosch

Wenn Sie mit Waren handeln, ist das Wetter mit Sicherheit für Sie viel wichtiger, als wenn Sie mit Aktien handeln. Sie können nicht mit Orangensaft oder Getreide oder Heizöl zu tun haben, ohne mit einem Auge gen Himmel zu blicken.

Doch nicht nur der Warenterminhändler, jeder Investor sollte eine grobe Vorstellung davon haben, wie das Wetter in seine Anlagestrategie hineinspielt. Das muss nicht übermäßig kompliziert sein. Vorhersagen wie „Dieses Jahr wird der Winter normal" oder „Dieses Jahr wird der Sommer nass" reichen.

Sie können solche Prognosen bei Regierungsstellen abfragen oder in den Wetternachrichten hören und lesen.

Das Wetter kann einen so massiven Einfluss auf unsere Märkte und die Wirtschaft haben, dass man es sich gar nicht leisten kann, es mit Nichtachtung zu strafen. Dennoch scheren sich die meisten Investoren keinen Deut darum. Sie halten es sowieso für nicht prognostizierbar und unterschätzen deshalb seine Auswirkungen.

Steht ein kalter Winter bevor, steigen die Heizkosten, was Öl-, Erdgas- und anderen Energiewerten meistens gut bekommt. Den Einzelhandel freut das natürlich weniger, denn die Leute müssen sich mehr Geld für ihre Energieversorgung abzwacken und haben weniger übrig für irgendwelche Leckerbissen im Einkaufszentrum. Das wiederum könnte die Einzelhandelsaktien unter Druck bringen. Auch könnte eine inflationäre Entwicklung einsetzen, was sich wiederum auf den Anleihemarkt auswirken würde. Und so weiter.

Wie kann man das nur ignorieren? Wenn man all die Zeit bedenkt, die auf die Analyse der Geldmengenentwicklung – eine, um es ganz freundlich auszudrücken, schwierige Kunst – verwendet wird, scheint es mir keine schlechte Idee zu sein, ein wenig Zeit auch dem Wetter zu widmen, das doch viel konkretere Auswirkungen haben kann.

Mein innerer Wettersensor ist immer eingeschaltet. Für wie wichtig ich das Wetter halte? Vor nicht allzu langer Zeit war ich zum Golfspielen in Irland. Als ich gerade im Royal Dublin Golf Club auf dem Fairway des dritten Lochs stand und warten musste, bis ich wieder an der Reihe war, sah ich, wie eine Raupe an meinem Ball vorbeikroch. Es war September und ich sagte zu meinem Caddy: „Finden Sie nicht auch, dass sie dieses Jahr ziemlich pelzig ist?" Und der Caddy antwortete: „Ja. Wir bekommen einen strengen Winter."

Er hatte Recht.

Riskantes Wunschdenken

Wir alle kennen das: Überzeugt, dass die ABC Dingsda AG unsere Trumpfkarte ist, der absolute Knüller, der uns mit einem Schlag ans Ziel unserer Wünsche bringt, nehmen wir das Chart zur Hand.

Wir betrachten den Kursverlauf der Aktie in der Vergangenheit. Ob dieser nun nach oben oder unten zeigt, wir möchten darin alle unsere Hoffnungen und Wünsche wieder finden. Also gehen wir ans Werk und füllen das Chart aus. Wir bilden uns ein, wir sähen eine Konstellation, die auf eine baldige Kurssteigerung hindeutet. Wenn die Aktie nahe einem Tiefpunkt vor sich hin dümpelt, stellen wir uns keinen Abrutsch auf neue, tiefere Tiefs vor. Vielmehr lesen wir daraus einen Wendepunkt mit einem plötzlichen Stimmungsumschwung und einem neuen Bullentrend. Wenn die Aktie im vergangenen Jahr gestiegen ist, denken wir nicht an einen plötzlichen Einbruch. Vielmehr lesen wir daraus die Fortsetzung dieses optimistischen Trends zu neuen Allzeithochs. Flaggenformationen sind hausseträchtig, Rechtecke sind hausseträchtig und Unterstützungslinien sind hausseträchtig.

Aber die Tatsache, dass wir uns einbilden, das Chart fülle sich Tag für Tag mit profitablen Kursbewegungen, heißt nicht, dass diese auch eintreten werden. Nur weil wir sie uns so wünschen, werden sie noch lange nicht Wirklichkeit. Die Aktie folgt ihren eigenen Gesetzen und geht ihre eigenen mysteriösen Wege – bis zuletzt.

Weil wir so wundervoll kreativ sind, können wir uns alle möglichen Ausgänge unseres Abenteuers mit ABC Dingsda vorstellen. Es ist eine höchst menschliche Neigung, in ein Chart das hineinzulesen, was wir gern sehen möchten. Vielleicht ist diese Tatsache Ihnen Anlass genug, weniger Zeit auf die Durchleuchtung des Charts und mehr Zeit auf die Durchleuchtung des Unternehmens zu verwenden.

Verschaffen Sie sich Rückendeckung

Passen Sie auf, wenn die Indizes neue Höchststände erreichen, die Gewinner/Verlierer-Linie (Advance/Decline-Line oder A/D-Linie) sich jedoch nicht verbessert. Die A/D-Linie ist nichts anderes als die Summe der an einer bestimmten Börse oder in einem bestimmten Index gestiegenen Aktien im Vergleich zur Summe der gefallenen Aktien. Wenn also der A/D-Wert des Dow Jones 2 ist, heißt das, dass an dem Tag 16 Aktien zugelegt und 14 Terrain verloren haben.

Die A/D-Methode ermöglicht einen schnellen Blick auf das Marktgeschehen, aber nicht anhand der Entwicklung eines Index, sondern anhand der Anzahl der Kursveränderungen. Es ist, als würde jede Aktie tagtäglich ihr Votum über die Entwicklung des Marktes abgeben.

Wenn ein Marktfortschritt, also die Anzahl der Kursanstiege, auf gesunden Füßen steht, schließen sich mehr und mehr Aktien dem Trend an. Sie als Anleger sehen es sicher auch nicht ungern, wenn die überwältigende Mehrheit der Werte in Bullenlaune nach oben klettert. Wenn Sie nämlich eine Aktie kaufen wollen und 80 Prozent aller Werte anziehen, stehen die Chancen mit Sicherheit auf Ihrer Seite. Wie sieht es dagegen mit einem Markt aus, an dem 60 Prozent aller Wert nachgeben? Ziemlich schwierig, da einen Gewinner herauszupicken!

Auch wenn es seltsam erscheinen mag, dass ein Markt anziehen kann, ohne dass die meisten Aktien an Kurssteigerungen partizipieren, behalten Sie einfach dies im Hinterkopf: In den meisten Indizes haben hochpreisige Aktien einen unverhältnismäßigen Effekt auf den Indexdurchschnitt, sodass diese Schwergewichte die wahre Entwicklung des Marktes verschleiern können.

Barron's publiziert an jedem Wochenende die A/D-Linie der New Yorker Börse. Ich werfe immer einen Blick darauf. Ich möchte bestätigt sehen, dass sie in dieselbe Richtung geht wie der Markt. Wenn sie sich in die entgegengesetzte Richtung bewegt, stellt sich die Frage, ob eine Wende am Markt bevorsteht. Achtung! Auch wenn die A/D-Linie selten in die Irre führt, kann sie dem Markt eine ganze Zeit lang hinterherhinken. Und sie ist ein eher phlegmatisches Gebilde: Sie sollten nicht bei jedem kleinsten Zucken in Aufregung geraten und prompt reagieren.

Stellen Sie sich nie gegen den Trend

Solide handelt, wer mit dem Trend tanzt. Gegen den Trend zu handeln heißt, immer exakt den niedrigsten und exakt den höchsten Kurs erwischen zu wollen – auf Dauer ein schier unmögliches Unterfangen. Hin und wieder mag man Glück haben, aber Glück ist nicht gerade das richtige Vehikel für ein erfolgreiches Handelssystem.

Wenn Sie mit dem Trend gehen, steigern Sie Ihre Chancen, richtig zu liegen, um ein Vielfaches. Der Markt bewegt sich in Ihre Richtung. Deshalb ist die Wahrscheinlichkeit, dass Sie auf einem Kurshöhepunkt kaufen und an einem Kurstiefstand verkaufen, ungefähr dieselbe, wie wenn Sie versuchen, die Kursspitze für den Verkauf und den Kursboden für den Kauf zu erwischen – eben sehr niedrig. Wenn ein Papier aufwärts geht, sollten Sie zu den Käufern gehören. Umgekehrt sollten Sie bei fallendem Trend Verkäufer sein.

Wenn Sie es mit einem gegen den Trend gerichteten Handelssystem oder Indikator versuchen, sollten Sie wissen, dass diese Indikatoren für ihre falschen Signale bekannt sind. Eigentlich versagen viele von ihnen bis zu 50 Prozent der Zeit. Ob Stochastik, Bollinger Bänder, Williams %R oder x-beliebige andere ähnliche Konstrukte – die Fehlerrate diktiert allerhöchste Vorsicht.

Hin und wieder erwischen Sie den exakten Tief- oder Höhepunkt, was Ihnen das Gefühl gibt, das Handeln gegen den Trend sei das einzig Wahre. Geht Ihre Rechnung auf, haben Sie Grund zum Jubeln. Aber vergessen Sie nie: Die Wetten stehen nicht gerade zu Ihren Gunsten.

Bekennen Sie Farbe

Sie müssen sich entscheiden, ob Sie mit dem Trend oder gegen ihn agieren wollen. Es ist eine Grundsatzentscheidung, die jeder Investor abwägen und treffen muss. Bei jedem Ein- oder Ausstieg stehen Sie immer wieder neu vor der Frage: Gehe ich mit dem Trend oder gegen den Trend?

Manchmal können Sie auch beides machen. Beim Verkauf von Optionen verkaufe ich manchmal Calls an der oberen Grenze der Handelsspanne und verkaufe Puts an der Untergrenze. Bei einem anderen Papier kann es sein, dass ich Puts als Reaktion auf einen meiner Ansicht nach primären Bullentrend verkaufe. Aber wie auch immer ich mich entscheide, ich muss grundsätzlich eine Meinung zum aktuellen Trend haben, um mein Handeln danach auszurichten.

Für die meisten Anleger ist es das Beste, entweder nach der einen oder der anderen Strategie zu verfahren. Purzelbäume vorwärts und rückwärts können je nach Investment äußerst schwierig sein. Außerdem können Sie dadurch, dass Sie sich für eine Strategie entscheiden und folglich immer gleich vorgehen, viel leichter ein eigenes System entwickeln.

Ich habe festgestellt, dass manche Anleger von Natur aus Trendfolger sind, während anderen wohler ist, wenn sie sich vom Trend absetzen oder gegen ihn operieren. Denken Sie einfach an den vorherigen Rat: Dem Trend Paroli zu bieten ist ein schwieriges Unterfangen, also wählen Sie mit Bedacht.

Welche Wahl Sie auch treffen, stellen Sie sicher, dass Sie sich grundsätzlich eine Meinung über den Trend gebildet haben. Sie erleichtern sich damit den Entscheidungsprozess außerordentlich.

Politik – ein griffiger Indikator

Im Durchschnitt rentieren Aktien in den ersten beiden Amtsjahren einer neuen Regierung mit 6 Prozent pro Jahr und in den letzten beiden Jahren mit 13 Prozent pro Jahr.

Simple Politik kann ausschlaggebend für die Marktstrategie sein. Nach einer Wahl des Regierungschefs ist es meistens so, dass die Politiker, für zwei Jahre sicher vor dem Zorn des Wahlvolks, die unliebsameren Entscheidungen angehen: Steuererhöhungen, Haushaltseinsparungen und so weiter.

Folglich sind die ersten beiden Jahre einer Wahlperiode im Allgemeinen für den Anleger härtere Zeiten als die letzten beiden, wenn die strittigen Fragen für die neuen Wahlen frisch herausgeputzt werden müssen.

Es kann also nicht schaden, sich bewusst zu machen, an welcher Stelle man im Regierungszyklus steht, und dies zusätzlich zu anderen marktsensitiven Indikatoren als Orientierungshilfe mit heranzuziehen.

Hüten Sie sich vor irreführenden Signalen

Viele Anleger sind der Meinung, dass ein Anstieg offener Call- oder Put-Positionen (Open Interest) ein Signal für eine mögliche Trendwende ist.

Beispielsweise würde dies bedeuten, dass ein steil ansteigendes Open Interest bei Calls auf eine zunehmende Bullenstimmung seitens der Anleger hinweist, abzulesen daran, dass diese immer mehr Call-Kontrakte kaufen. Ein kurzer Blick sagt uns, dass dieser Indikator irreführend sein kann und tunlichst nicht befolgt werden sollte.

Offene Kontraktpositionen können auf zwei Weisen entstehen: Zum einen kauft der Anleger einen Call-Kontrakt und dieser Kontrakt kommt durch den Market Maker zustande, der den Kontrakt durch den Verkauf an den Anleger eröffnet. Damit entsteht also ein offener Kontrakt. Für diejenigen, die in dem Open Interest ein Gegensignal sehen, ist diese Aktion (Verkauf durch den versierten Marktmacher und Kauf durch die Anlegergemeinde) ein Bärenindikator.

Wenn es doch nur so einfach wäre!

Dasselbe Open Interest kann auch durch einen institutionellen (oder individuellen) Investor entstehen, der Call-Kontrakte gegen eine Long-Position in Aktien verkauft. Das heißt, der Anleger glaubt, die Aktie habe zwar nur begrenztes Aufwärtspotenzial (eine neutrale bis bearish gestimmte Sicht), aber er würde die Aktie lieber halten als verkaufen und versucht deshalb nur, sich eine zusätzliche Einnahme durch Einstreichen der Optionsprämie zu verschaffen. In diesem Fall entsteht wieder ein Kontrakt, wenn der Market Maker den Kontrakt vom Verkäufer kauft.

Aber halt! Wenn der Market Maker den Kontrakt kauft, ist das nicht bullish? Die Verwirrung ist perfekt.

In der täglichen Praxis ist es so, dass zu den meisten Optionskontrakten Investoren gehören, die sowohl kaufen als auch verkaufen, sodass sich beim Open Interest letztlich nur wenig ändert. Das ist der Grund, warum das Open Interest als Indikator so irreführend sein kann. Man weiß ja nichts über die Motive der Verkäufer und kann nicht sagen, ob der Druck, der zum Open Interest führt, bullish oder bearish ist.

Ich richte mein Augenmerk mehr auf die ausstehenden Calls und Puts (den Put/Call-Koeffizienten, das Umsatzverhältnis zwischen Verkaufs- und Kaufoptionen) als auf die Zahl der offenen Kontrakte. Sicherlich ist es richtig, dass eine steigende Aktie ein größeres Open Interest vonseiten der auf einen Kursanstieg spekulierenden Käufergemeinde schafft. Aber das reicht in den meisten Fällen als Stimmungsbarometer nicht aus.

Senkrechtstartern ist nicht zu trauen

Von Zeit zu Zeit wird man Zeuge eines Senkrechtstarters. Es kann eine Aktie sein, die in zwei Tagen wie eine Rakete von 25 auf 60 Dollar abzieht, oder auch eine Ware, die in einer Woche 25 Prozent zulegt.

Ein Senkrechtstarter lässt sich leicht ausmachen. Schauen Sie sich einfach die täglichen Charts an. Kursexplosionen spiegeln das fast völlige Fehlen von Verkäufern und eine große Zahl von Käufern wider, die sich das Papier geradezu aus der Hand reißen. Das große Übergewicht an Käufern bedeutet, dass die Verkäufer schlicht und einfach abwarten, bis der Preis oben ist, um dann abzustoßen.

Aus der antizyklischen Perspektive betrachtet sind starke Kurssteigerungen Miniblasen. In einer Blase ist eine ähnliche Konstellation gegeben: Eine einhellige oder fast einhellige Meinung führt zu scharfen Aufwärtsbewegungen der Kurse. Der Anleger, der in eine Kursexplosion hinein zu handeln versucht, trifft auf dieselben Schwierigkeiten wie der, der in einer Börsenblase zu profitieren versucht: Auf starke Anstiege folgen in der Regel ähnlich starke Korrekturen. Ein weiteres Problem ist, dass der schnelle, anscheinend mühelos erzielte Gewinn die Anleger zu weiteren Aktivitäten beflügelt. Börsianer haben die natürliche Neigung, auf den Zug aufzuspringen und ihn in Fahrt zu halten.

Rücken wir eine raketenartige Kursentwicklung in die richtige Perspektive: Senkrechtstarts schaffen ein erhöhtes Risiko. Wenn sich ein Papier normalerweise innerhalb einer Schwankungsbreite von 1 oder 2 Dollar pro Tag bewegt, weist es eine gewisse implizite Volatilität auf. Erweitert sich diese Schwankungsbreite auf 5 oder 10 Dollar pro Tag, müssten Sie, sofern Sie investieren wollen, Ihr Risiko proportional senken. Wenn Sie also normalerweise bei jeder Ihrer Aktien eine 4-Prozent-Position eingehen, müssten Sie in einen Ausreißer 1

Prozent anlegen. Ihr Risiko ist ungefähr dasselbe wie beim Kauf einer normalen Position. Aber wenn Sie eine 4-Prozent-Position in einer Aktie eingehen, die sich senkrecht nach oben bewegt, erhöht sich Ihr Risiko möglicherweise um den Faktor vier.

Denken Sie daran: Eine ziemlich große Zahl rapider Kursanstiege wird zumindest teilweise wieder korrigiert, sodass in abziehende Kurse zu kaufen keine gute Idee ist. Besser warten Sie (nur Geduld!), bis die Konsolidierung abgeschlossen ist, und steigen dann ein.

Abschließend sei gesagt, dass es auch keine gute Idee ist, während einer Kursexplosion leerzuverkaufen. Auch wenn Sie gute Chancen haben, damit Gewinne einzustreichen, gehen Sie das nicht unwahrscheinliche Risiko ein, dass sich der Höhenflug fortsetzt – was so viel heißt, dass Ihnen die Suppe versalzen worden ist.

Ich strafe in der Regel Senkrechtstarts mit Nichtachtung. Auch wenn sie oft die Richtung für die Zukunft anzeigen, sei vor ihnen gewarnt. In sie hinein zu handeln, kann äußerst gefährlich sein.

Wenn es nicht regnet,
sondern schüttet

Unternehmen, welche die Wall Street mit Gewinnwarnungen enttäuschen, sind nicht selten Wiederholungstäter. Als eifriger Konsument von Wirtschaftsnachrichten erleben Sie das immer wieder. Ein Unternehmen warnt vor einem Gewinnrückgang und die Aktie bekommt eins auf den Deckel. Häufig ist das kein einmaliges Ereignis: Probleme größeren Ausmaßes lassen sich nicht ohne weiteres lösen, zumindest nicht rechtzeitig genug, um im nächsten Quartal besser dazustehen.

Unternehmen verfehlen Gewinnerwartungen aus vielerlei Gründen. Manchmal sind die von den Analysten aufgestellten Ergebnisprognosen – vielleicht aus übertriebenem Optimismus – viel zu hoch geschraubt.

Zuweilen sind es äußere Ereignisse, die Probleme heraufbeschwören, die sich der Kontrolle des Unternehmens entziehen. Zum Beispiel wurde 1999 durch ein großes Erdbeben in Taiwan ein Großteil der Halbleiterwerke zerstört, in denen die für den Computerbau notwendigen Silizium-Chips produziert wurden. Einige amerikanische Computerhersteller gerieten in arge Materialengpässe. Manche ließen verlauten, sie seien nicht in der Lage, ihre Produktionsziele zu erfüllen, und infolgedessen sei mit einem Gewinneinbruch zu rechnen.

In anderen Fällen sind die Schwierigkeiten durchaus den Unternehmen selbst anzulasten. Vielleicht liegt es an organisatorischen Fehlern, dass die Umsätze schrumpfen. Vielleicht sind die Kosten aus dem Ruder gelaufen. Vielleicht hinkt das Unternehmen dem technologischen Fortschritt hinterher oder kann selbst keine neuen Impulse geben.

Diese und ähnliche Fehler können zu Gewinneinbußen führen und die Wall Street enttäuschen. Schlimmer noch, solche Probleme brauchen bekanntlich

Zeit, um aus der Welt geschafft zu werden. Für die Investoren ist die Fahrt im Börsen-ICE vorbei. Wertorientierte Anleger wie auch Gegentrendler mögen einsteigen oder auch nicht, aber es ist eher ein Bummelzug geworden.

Die Flut spült alle Boote nach oben

In einem Bullenmarkt steigen drei Viertel, in einem Bärenmarkt fallen neun Zehntel aller Aktien.

Mit einer gegen den Haupttrend gerichteten Strategie ist nur schwer Geld zu machen. Es ist, als würde man im ständigen Kampf mit reißenden Stromschnellen in einem kleinen Kanu flussaufwärts paddeln.

Ist der Aktienmarkt im Aufwind, ziehen die meisten Werte mit. Gut, schlecht, neutral – die meisten Papiere sind vorher weit unter ihrem fairen Wert abgestoßen worden, also setzt eine Korrektur ein. In einem Bärenmarkt geht die Korrektur den umgekehrten Weg. Wild wuchernder Optimismus hat die meisten Papiere über ihren angemessenen Wert hinaus in die Höhe getrieben und der Markt korrigiert dies auf der Stelle.

Eine solche Situation ist dadurch gekennzeichnet, dass die Anleger, daran gewöhnt, im Bullenmarkt Gewinne zu machen, auf dem ganzen Weg in die Tiefe weiter kaufen. Ihnen ist entgangen, dass sich eine Trendwende oft über sämtliche Fundamentaldaten einer Aktie rücksichtslos hinwegsetzt. Börsianer sind nicht selten wie vom Donner gerührt, wenn ein Papier abstürzt, selbst wenn es schon einen gehörigen Sturz hinter sich hat. Sie sollten es eigentlich besser wissen. Der allgemeine Börsentrend diktiert die Kurse.

Sie sollten sich an ein simples Faktum erinnern. Bei steigender Börse klettern die meisten Kurse nach oben, sodass das Bullenmarktwunder eine Menge Aktien zu Gewinnern macht. Einige verdienen es, andere nicht, aber die meisten gewinnen. Ein Börsenabschwung zieht selbst die guten Papiere mit in die Tiefe.

NACHTRAG

Geschafft! Wenn Sie bis hierher durchgehalten haben, konnten Sie, so hoffe ich, Neues erfahren und Strategien und Tipps kennen lernen, die Ihnen zu einer besseren Anlagerendite verhelfen. Vielleicht sind Sie auf Dinge gestoßen, die Sie falsch gemacht haben, und auf das Rezept, um diese Fehler zu korrigieren.

Mir ist klar, dass man seine Anlagetechnik nicht von heute auf morgen und in Riesenschritten perfektionieren kann. Vielmehr ist es ein langsamer Prozess, in dem man immer besser wird und in dem man immer wieder Korrekturen vornimmt, die sich in ihrer Gesamtheit zu einem großartigen Ganzen zusammenfügen.

Sie brauchen Geduld, Durchhaltevermögen und den festen Willen zum Erfolg. Schließlich gehört der Anlagemarkt wahrscheinlich zu den am heißesten umkämpften Tummelplätzen des Menschen. Der Konkurrenzkampf wütet heftig und verbissen, zusätzlich verstärkt durch Ihr ganzes Reservoir an Emotionen, die sich allesamt gegen Sie verschwören, um Sie von Ihrem Plan abzubringen.

Manchmal scheint es mir wie ein Wunder, dass die Anleger überhaupt Gewinne machen, bedenkt man die vielen Fallstricke und Schwierigkeiten, die ihnen unterwegs begegnen. Trotzdem gelingt es ihnen, und ich glaube, sie verdanken dies nicht nur der eigenen Entschlossenheit, mit der sie die Probleme angehen, sondern auch der Stärke unseres kapitalistischen Systems.

Sie werden feststellen, dass es bei einer erfolgreichen Geldanlage letztlich nicht darum geht, die richtigen Aktien herauszupicken, Zinssätzen aufzulauern oder Verlustlimits zu setzen. Nein. Letzten Endes geht es einzig und allein darum, sich selbst im Griff zu behalten. Es geht darum, die eigene Furcht und Gier zu bändigen. Dazu gehört das Bestreben, mit Bescheidenheit zu gewinnen und mit Anstand zu verlieren. Dies sind die eigentlichen Werte, auf die Sie Ihren Blick richten sollten.

Ich hoffe, dieses Buch kann Ihnen ein wenig Hilfestellung auf dem Weg zur Erfüllung Ihrer Ziele leisten – sei es, dass Sie das Leben für sich oder Ihre Familie angenehmer gestalten möchten, sei es, dass Sie sich beruflich weiterentwickeln wollen.

Arbeiten und lernen Sie so viel Sie können und vor allen Dingen: Verlieren Sie nie Ihr Risiko aus den Augen!

STICHWORTVERZEICHNIS

A

Advance/Decline-Methode, 297
Aktien(-), 26ff., 35, 54, 94, 114, 144
-anteile, 41
-optionen, 257
-splits, umgekehrte, 234
Analyse, 107, 129, 140, 152, 170, 195
Angst, 145
Anlagehorizont, 282, 292
Anlagestil, 267ff.
Anleger, 200
Anleihen, 26ff., 37ff., 94
Ausstieg, 232

B

Bärenmarkt (Baisse), 46ff., 308
Bilanz, kritische, 170
Bonität, 38, 43
Börsengeschäfte, kreditfinanzierte, 252
Branchen, 209, 214
Buffett, Warren, 77, 105, 268
Bullenmarkt (Hausse), 49, 54, 58, 72, 119, 245, 308

C

Call-Option, 144
Call-Position, 124, 146
Chart, 91, 176, 291, 296, 303
Cisco, 144

D

E

F

G

P

R

S

T

Terminkontrakt, 19
Terminmarkt, 17
Timing, 145, 282ff.
Trading, 282
Trading-Range, 292
Trend, 66, 70, 91, 138, 143, 250, 290, 299
Trendwende, 72, 112

U

Unvested Stock Options, 257
Urteilskraft, 200

V

Verkaufs-
-option, 123, 125, 149
-orders, automatische, 161
-strategie, 239
Verlust, 28, 65, 81, 90, 131, 145f., 150, 160, 166, 238
Versorgungswerte, 98, 262
Verzinsung, 38
Volatilität, 304
Vorsicht, 101

W

Warenhandel, 20
Warenterminhandel, 17
Weltwirtschaftskrise, 53
Wetter, 108, 294
Wilshire-5000-Index, 230
Wunschdenken, 296

X

Xerox Corporation, 258

Z

Zeitwertverlust, 122, 132, 149, 155
Zins-
-entwicklung, 34
-erhöhung, 39, 56
-senkung, 40
-struktur, inverse, 263
-strukturkurve, 57, 100, 263

FAKTEN
MACHEN
GELD.
www.focus-money.de
+++ Jeden Donnerstag +++ Wirtschaftspolitik +++ Geldanlage +++ Steuern +++ Unternehmen +++
FOCUS
DAS MODERNE WIRTSCHAFTSMAGAZIN
MONEY